U0892357

NETWORK MARKETING

农产品网络营销

刘如东 编著

四川科学技术出版社

图书在版编目（CIP）数据

农产品网络营销 / 刘如东编著. -- 成都：四川科学技术出版社, 2019.4（2023.4重印）

ISBN 978-7-5364-9441-1

Ⅰ.①农… Ⅱ.①刘… Ⅲ.①农产品－网络营销－高等职业教育－教材 Ⅳ.①F724.72

中国版本图书馆CIP数据核字(2019)第067596号

农产品网络营销

NONGCHANPIN WANGLUO YINGXIAO

出 品 人　程佳月
编　　著　刘如东
策　　划　谢　伟
责任编辑　梅　红
封面设计　艺和天下
责任出版　欧晓春
出版发行　四川科学技术出版社
成都市锦江区三色路 238 号　邮政编码 610023
官方微博：http://weibo.com/sckjcbs
官方微信公众号：sckjcbs
传真：028－86361756
成品尺寸　170mm × 240mm
印张13　　字数 230千
印　　刷　大厂回族自治县益利印刷有限公司
版　　次　2019年5月第1版
印　　次　2023年4月第2次印刷
定　　价　26.80 元
ISBN 978-7-5364-9441-1

■ 邮购：成都市锦江区三色路 238 号新华之星A座25层
邮政编码 / 610023
电话 /（028）86361770

内 容 提 要

本书是在总结农村学历教育，如“送教下乡”及农民培训的教学经验的基础上编写而成的。本书共分七章，内容包括：农产品电子商务概述、网络营销基本知识、农产品网络营销、农产品电子商务平台构建、农产品电商：一个巨大的“风口”、网络营销的安全、农村电商创业新机遇。本书对农产品网络营销进行了全面、详细、系统的介绍。

本书是涉农高等职业学校的技能教材，可作为广大农民朋友的科普读物、涉农企业电子商务的操作指南、农村干部及农业专业技术人员的知识更新培训书目，也可供广大“三农”工作者阅读。

PREFACE

前言

农村电商从出现到兴起，只用了短短两三年的时间，如今各大电商巨头纷纷涉足，想在其中攻城略地或者至少能分一杯羹，国家层面上开始出台各项政策加大对农村电商的扶持，农村电商正可谓风生水起。人们不禁要问，这股农村互联网热能持续多久，在过去几十年的城乡发展如此不平衡的情况之下，农村、农业、农民的状态能承受农村电商的飞速发展吗？未来的农村电商怎样才能走出一条可持续发展的道路，从而真正带动农村市场的飞速起步。编著者把自己这几年对农村电商的观察与研究集结于本书，符合社会热点，极具前瞻性和指导意义。

本书充分利用编著者视野所及之案例、知识，打开人们对农产品网络营销的想象空间，力图全面、系统地阐述“农产品网络营销”在生产、经营、管理和服务以及农副产品质量网络安全等领域的具体应用，以期为我国近期“互联网+现代农业”网络营销行动提供技术与方法上的启示与支撑。为农村电商健康发展指定清晰明了的通道路径，无论你是农业相关企业的管理者，还是农业相关政府部门的公务人员，都可以从中找到一些对实际工作有指导意义的闪光点。

本书参考了大量的文献资料及农产品网络营销的实践案例，在此对各位文献作者及案例实践者表示衷心的感谢！同时，因为时间仓促，部分文献资料未在书中标出，在此对这些文献资料的作者表示诚挚的歉意！

由于编著者的水平和能力有限，书中错误或不妥之处在所难免，恳请同行和读者批评指正，以便今后不断改正和完善。

编著者

2019年3月

CONTENTS

目 录

第一章　农产品电子商务概述

【案例导入】

紫色的“稀罕物”

“三农”直通车综合报道：相信很多人都吃过紫番薯，但紫土豆你可能还没吃过。日前，记者在括苍镇陶西村何××家，看到了这种连皮带肉都是紫色的“稀罕物”——紫土豆。当天，根据网上订货，他以每千克7元的价格，将1 000千克紫土豆发往上海的农贸市场。

为使紫土豆这一新奇农产品迅速走向市场，何××上网销售。在网上，他一方面通过“农民信箱”销售，另一方面通过临海市何奇农业发展有限公司网站广而告之。网上每月销量达2万千克左右。

第一节　农产品电子商务的基本概念

一、农产品的概念

农产品的定义有多种说法，《中国大百科全书·农业卷》将农产品解释为：广义的农产品包括农作物、畜产品、水产品和林产品；狭义的农产品则仅指农作物和畜产品。《经济大辞典·农业经济卷》将“初级产品”定义为：初级产业产出的未加工或只经初加工的农、林、牧、渔、矿等产品。其中，有的直接用于消费，有的用作制造其他产品的原料。初级产品有的是未经加工的原始形态的产品，有的是经过初步加工的产品。《中华人民共和国农产品质量安全法》中所称的农产品，是指来源于农业的初级产品，即在农业活动中获得的植物、动物、微生物及其产品。这里讲的“农业活动”，既包括传统的种植、养殖、采摘、捕捞等农业活动，也包括设施农业、生物工程等现代农业活动。“植物、动物、微生物及其产品”，是广义的农产品概念，包括在农业活动中直接获得的、未经加工的以及经过分拣、去皮、剥壳、粉碎、清洗、切割、冷冻、打蜡、分级、包装等粗加工，但未改变其基本自然性状和化学性质的初加工产品。区别于经过加工已基本不能辨认其原有形态的“食品”或“产品”。这样来理解农产品的具体内涵有利于人们明确对象，有效采取措施。

二、农产品电子商务的基本概念

（一）农产品电子商务的定义

所谓农产品电子商务就是指围绕农村的农产品生产、经营而开展的一系列的电子化的交易和管理活动，包括农业生产的管理、农产品的网络营销、电子支付、物流管理以及客户关系管理等。它是以信息技术和网络系统为支撑，对农产品从生产地到顾客手上进行全方位的管理的全过程。发展农产品电子商务具有全局性、战略性和前瞻性，与国家建设社会主义新农村的战略相一致。

农产品电子商务通过网络平台嫁接各种服务于农村的资源，拓展农村信息服务业务、服务领域，使之兼而成为遍布乡、镇、村的“三农”信息服务站。作为农产品电子商务平台的实体终端直接扎根于农村服务于“三农”，真正使“三农”服务落地，使农民成为平台的最大受益者。

农产品电子商务平台配合密集的乡村连锁网点，以数字化、信息化的手段，通过集约化管理、市场化运作、成体系的跨区域跨行业联合，构筑紧凑而有序的商业联合体，降低农村商业成本，扩大农村商业领域，使农民成为平台的最大获利者，使商家获得新的利润增长点。

农产品电子商务服务包含网上农贸市场、特色旅游、特色经济、数字农家乐和招商引资等内容。一是网上农贸市场。迅速传递农、林、渔、牧业供求信息，帮助外商出入属地市场并帮助属地农民开拓国内市场、走向国际市场；进行农产品市场行情动态快递、商业机会撮合、产品信息发布等内容。二是特色旅游。依托当地旅游资源，通过宣传推介来扩大对外知名度和影响力，从而全方位介绍属地旅游线路和旅游特色产品及企业等信息，发展属地旅游经济。三是特色经济。通过宣传、介绍各个地区的特色经济、特色产业和相关的名优企业、产品等，扩大产品销售通路，加快地区特色经济、名优企业的迅猛发展。四是数字农家乐。为属地的农家乐（有地方风情的各种餐饮娱乐设施或单元）提供网上展示和宣传的渠道。运用地理信息系统技术，制作展示全市农家乐分布情况的电子地图，同时采集农家乐基本信息，使其风景、饮食、娱乐等各方面的特色尽在其中，一目了然。既方便城市百姓的出行，又让农家乐获得广泛的客源，实现城市与农村的互动，促进当地农民增收。五是招商引资。搭建各级政府部门招商引资平台，介绍政府规划发展的开发区、生产基地及其投资环境、招商信息，更好地吸引投资者到各地区进行投资生产经营活动。

尽管农产品电子商务的发展条件日臻成熟，但建立和完善农产品电子商务不是一朝一夕能完成的工程，因此，农产品电子商务的发展任重道远，还需要社会多方的共同努力。

（二）农业电子商务的定义

农业电子商务是指利用互联网、计算机、多媒体等现代信息技术，为从事涉农领域的生产经营主体提供在网上完成产品或服务的销售、购买和电子支付等业务交易的过程。农业电子商务是一种全新的商务活动模式，它充分利用互联网的易用性、广域性和互通性，实现了快速可靠的网络化商务信息交流和业务交易。

农业电子商务是以农业网站平台为主要载体，为农业提供各种商务服务或直接经营商务业务的过程。农业电子商务，是一个涉及社会方方面面的系统工程，包括政府、企业、商家、消费者、农民以及认证中心、配送中心、物流中心、金融机构、监管机构等，通过网络将相关要素组织在一起，其中信息技术扮演着极其重要的基础性的角色。在传统社会经济活动过程中，一直就存在两类经济活动形式：一类是企业之间的经济活动，另一类是企业和消费者之间的经济活动。从经济活动来说，无论是企业之间，还是企业与个人之间，只存在两种经济活动内容：一种是提供产品，另一种是提供服务。

中国市场情报中心（CMIC）最新发布：在我国电子商务概念先于电子商务应用与发展，网络和电子商务技术需要不断“拉动”企业的商务需求，进而引致我国电子商务的应用与发展。了解这一不同点是很重要的，这是我国电子商务发展的一大特点，也是理解我国电子商务应用与发展的一把钥匙。

电子商务日益广泛的应用显著地拉动第三产业的发展，创造了大量的就业和创业机会，并在促进中小企业融资模式创新、推进企业转型、建立新型企业信用评价体系等方面发挥了积极的作用。

电子商务具有更广阔的环境：人们不受时间的限制，不受空间的限制，不受传统购物的诸多限制，可以随时随地在网上交易。在网上这个世界变得很小，一个商店可以面对全球的消费者，而一个消费者可以在全球的任何一家商店购物。使用电子商务能够实现更快速的流通，获得低廉的价格，电子商务减少了商品流通的中间环节，节省了大量的开支，从而也大大降低了商品流通和交易的成本。

如今人们越来越追求时尚，讲究个性，注重购物的环境，网上购物更能体现个性化的购物过程。

国家统计局发布2017年国民经济运行情况，数据显示，2017年1—10月份，全国网上零售额55 350亿元，同比增长34.0%，比上年同期加快8.3个百分点。其中，实物商品网上零售额41 782亿元，增长28.8%，占社会消费品零售总额的比重为14.0%，比上年同期提高2.2个百分点；非实物商品网上零售额13 568亿元，增长52.7%。

2017年10月份，社会消费品零售总额34 241亿元，同比增长10.0%，增速比上月回落0.3个百分点，与上年同月持平。按经营单位所在地分，城镇消费品零售额29 537亿元，同比增长9.8%；乡村消费品零售额4 704亿元，增长11.3%。按消费类型分，餐饮收入3 852亿元，增长10.3%；商品零售30 389亿元，增长10.0%。消费升级类商品快速增长。10月份，限额以上企业体育娱乐用品类、化妆品类商品零售额同比分别增长19.6%和16.1%。2017年1—10月份，社会消费品零售总额同比增长10.3%，增速与上年同期持平。

（三）农村移动电子商务的定义

农村移动电子商务是指在建立农村移动电子商务平台的基础上，通过手机终端和“农信通”电子商务终端，建立起覆盖“县城大型连锁超市、乡镇规模店、村级农家店”的现代农村流通市场新体系，推进工业品进村、农产品进城、门店资金归集三大应用，实现信息流的有效传递、物流的高效运作、资金流的快捷结算，促进农村经济发展。以农产品进城为例，之前农产品的买方与卖方缺少进行信息沟通与交易的第三方中介，信息沟通与农产品交易不畅，推广农村移动电子商务后，农产品生产方（农户）与农产品购买方（城区超市）将建立起信息交互新模式，城区超市配送中心通过“农信通”电子商务终端向农村门店发出农产品收购需求，农村门店将信息发送到种养、购销大户手机上，确认采购意向后，再与城区超市配送中心确认订单，种养大户将相应农产品供应至农村门店，城区超市配送中心在配送工业品的同时收购农产品返回城市。

三、农村发展电子商务的条件

我国的国家信息基础设施建设发展迅速，基本完成框架结构，为我国农产品电子商务的发展提供了良好的基础。中国电信已建成开通了覆盖全国的数据通信网络。其中，中国公用分组交换数据网1993年建成开通，是中国电信最早建成的数据通信网络，网络规模目前已经覆盖到2 200多个城市，并与世界上23个国家和地区的44个数据网互联。中国公用数字数据网1994年开通，目前，骨干网已通达所有省会城市，覆盖到2 000多个县以上城市和2 000多个经济发达地区的乡镇。中国公用计算机互联网目前已经有20多个省份的接入网建成，网络节点遍布全国200多个城市，并与美国等5个国家的12个运营商有直达路由连接。中国公用宽带网目前已覆盖全国所有省会城市，20个省份的宽带网已基本建成。中国公众多媒体通信网主要提供国内信息服务和各种应用。

四、农业电子商务的发展阶段

（一）农业电子商务必经发展阶段

（1）政府为主体、从“无”到“有”的启动建设阶段。此阶段以政府为主导，以面向农民提供农业信息服务为主，兼顾涉农企业。

（2）企业为主体、政府补贴的媒体平台阶段。该阶段的赢利模式有3种：一是向农用生产资料企业收取广告费。由于在很多农村地区还未能解决“最后一公里”（即进入农家）问题，广告受众有限，所以广告收费难以维持公司的正常运营。二是政府提供项目经费支持。如在实施农业信息化建设项目、农村信息扶贫项目过程中，通过购买公司开发的手持终端机等方式，对公司给予财政上的支持。三是开展农业电子商务的公司，通过承包政府农业信息化项目建设，如软件开发、为政府提供技术支持等，获得财政上的支持。该阶段也有政府牵头、企业赞助的模式。不过，考虑到经济效益，企业赞助的区域范围及其所赞助的设备和技术是有限的。

（3）以企业为主体，搭建B2B商务平台。农民对市场信息的需求超越了简单的供求信息发布之后，就想通过更广阔的平台收获更大的经济效益，农产品电子商务将成为核心之一。

（二）农业电子商务的开展方式

（1）没有农业企业网站的电子商务。很多人认为农业企业要开展电子商务必须要建立自己的网站，其实，如果自身资源有限的话，可以不必建立独立的网站。目前，国内有慧聪网、易趣网、淘宝网、一拍网等著名的大型电子商务网站，它们为企业或个人提供了很好的电子商务平台，企业只需要在上面注册自己的网上商店，刊登自己的供求信息，就可以很好地推广自己，这样，企业就可以花少量的投资甚至免费来实现初级电子商务。

（2）拥有农业企业网站的电子商务。由于网站的级别不同，各个农业企业开展的电子商务方式也不相同。比如有的企业网站上面仅仅是提供企业名称、一些简单的产品介绍、联系方式，这种企业仅仅借助于网站，在互联网平台上介绍自己，好比一张名片，实际的商务活动实现仍然是传统的方式；而有的企业网站里面已经实现了在线购物，甚至在线付款等功能，它们完全可以利用互联网平台销售自己的产品和服务。农业企业选择什么样的网站形式，要根据自身实际来决定。

第二节　农产品电子商务的作用

一、电子商务提升农业竞争优势

基于信息系统整合的农业电子商务系统集各种专项系统的功能，为农户提供全方位服务，帮助农户以市场需求为指导，合理管理资源，安排生产，及时响应市场需要。它是一种全新理念和技术的结合，将突破传统管理思想，为农业带来全新竞争优势。

（一）速度优势

基于信息系统整合的农业电子商务系统按整合的观念组织生产、销售，选择相应的物流方式，最快速度响应客户需求，给农业带来速度优势。

（二）顾客资源优势

传统农业生产经营是被动的，没有着眼于客户，更没将客户作为资源纳入管理。整合的农业电子商务系统可通过各种方式收集客户及市场信息，为企业提供最直接最有价值的信息资源。

（三）个性化产品优势

整合的电子商务系统可以解决个体生产难以解决的品种单一问题，实现多产品、少批量、个性化生产。首先，它可在互联网支持下形成一套快速生产加工运输销售计划。其二，在信息技术支持下，农户和农业企业可根据市场战略随时调整产品，重新组合，动态演变，适应市场变化。其三，柔性管理可实行职能重新组合，让每个农户或团队获得独立处理问题的能力，通过整合各类专业人员的智慧，获得团队最优决策。技术、组织、管理三方面的结合，使个性化农业生产成为现实。

（四）成本优势

整合的电子商务系统解决了产品个性化生产和成本是一对负相关目标这一矛盾。低生产成本、零库存和零交易成本，使农户在获得多样化产品的同时，获得了低廉的成本优势。农户甚至不用自己拥有网络设施和管理系统，只要在乡政府中心机房就可以实现农户个体管理企业化、电子商务化。

二、电子商务加速农村经济发展

（一）降低农业生产风险，促进农业产业化

我国目前的农业生产基本是以家庭为单位的小规模生产，农业生产者之间基本上不存在信息交流，农户往往凭借自己往年的价格经验来选择生产项目，确定生产规模。

农业产业化的实质是市场化，即以市场为导向，在农产品的生产和流通过程中实现生产、加工、销售一条龙，在经济利益上依据平均利润率的产业化组织原则实现生产、加工、销售一体化，即形成生产和流通利益共同体，把农户与市场联结在一起。通过电子商务强大的网络功能，跨越时间和地域的障碍，使农产品供需双方及时沟通，农业生产者能够及时了解市场信息，根据市场需求情况合理组织生产，以避免因产量和价格的巨大波动带来的效益不稳定，降低农业生产风险。农业产业化不同于计划经济条件下的农业生产经营方式，必须以市场需求为导向，优化调整农业结构，生产适销对路的产品，按市场机制配置生产要素，并要求农业产业化经营的各个环节和过程按市场机制组织活动。

（二）拓宽农产品销售渠道，减少环节，提高农业效益

我国目前的农产品流通体系尚不健全，因此农产品销售仍然存在着渠道窄、环节多、交易成本高、供需链之间严重割裂等问题。通过电子商务实现农业生产资料信息化，互联网将市场需求信息准确而又及时地传递给买卖双方，同时根据生产量需求信息传递给供应商适时补充供给。在业务模式上，提供了交易市场、农产品直销、招标等交易模式，自行选择最适合自己的方式，真正实现电子商务的效能。

（三）形成新型的农产品流通模式，促进相关行业的发展

我国农产品交易链及其通路过程存在环节多、复杂、透明度不高、交易信息对称性较差等问题。产业发展的基础是生产，但市场和流通是决定产业发展的关键环节。农产品流通不畅已经成为阻碍农业和农村经济健康发展、影响农民增收乃至农村稳定的重要因素之一。农产品的“卖难”现象及农产品的结构性、季节性、区域性过剩，从流通环节看，主要存在两个问题：一是信息不灵，盲目跟风。市场信息的形成机制和信息传播手段落后使农户缺少市场信息的指导。二是农产品交易手段单一，交易市场管理不规范。现在传统的方式主要是一对一的现货交易，现代化的大宗农产品交易市场不普及，期货交易、远期合约交易形式更少。通过建立以计算机联网为基础的农产品市场信息网络，实现网络营销和网上支付，保证了各地农产品销路畅通、供销协调。透明化的价格可以提高网上交易量，从网上获取产品和价格信息将增加产品的可比性和价格的透明度。由于不同地理位置产生的价格差别也将因不断增加的竞争而减小。

这将在生产资料价格上有利于农民，但是不利于其生产的农产品的价格。这就造成一个特别的现象：哪里存在许多有差别的农产品并有经常性的供给，哪里就需要生产资料供应专家为其服务。

生产商可以通过一个安全的市场获得收益，采购方从有保证的供应中受益，农业生产者可通过网上贸易受益，越是完善的网上市场越能为农民创造利润，一些网站甚至提供运费计算器，这样可以使交易者在价格、质量和运费之间选择最佳的组合，提高了农业效益。还可以把基于信任的个人接触的销售模式移植到网上，提供订单、合同的流转和管理，从而带动与农产品销售相关的金融、物流、交通、运输、电信等第三产业的发展，加快农业产业化的进程。

三、农业电子商务产生的社会经济效益

（一）农业电子商务的直接效益

（1）降低管理成本。电子商务通过电子手段、电子货币，大大降低了传统的书面形式的费用，节约了单位贸易成本。有统计显示，使用电子商务方式处理单证的费用是原来书面形式的1/10，可以有效节约管理成本。

（2）降低库存成本，可以实现“零库存”。大量的农产品库存意味着农业企业流动资金占用和仓储面积的增加，利用电子商务可以有效地管理农业企业库

存，降低库存成本，这是电子商务在农业企业的生产和销售环节最突出的一个特点。通过电子商务还可以缩短农产品库存的时间、降低农产品积压程度，进而可以实现“零库存”，库存量的减少意味着农业企业在原材料供应、仓储和管理开支上将实现大幅度的节省，尤其是在土地价格不断上涨的今天，更可以节约大量成本。

（3）降低采购成本。利用电子商务进行采购，可以降低大量的劳动力和邮寄成本，据统计，施乐、通用汽车、万事达信用卡三个不同行业的企业，通过电子商务在线采购后，成本分别下降了83%、90%和68%。

（4）降低交易成本。虽然企业从事农业电子商务需要一定的投入（如域名、软件系统、硬件系统的维护费用），但是与其他销售方式相比，使用农业电子商务进行贸易的成本将会大大降低。例如，将互联网当作媒介做广告，进行网上促销活动，可以节约大量的广告费用并且扩大农产品的销售量。利用农业电子商务进行交易，可以不受时间、空间的限制，全天候地进行网上交易。

（5）时效效益。通过农业电子商务，能够使商家提前回笼货品的应收账款，从而节约一大笔资金占用成本。时效效益的大小通常根据商家应收账款的数量和提前回笼时间的长短来估算。

（6）扩大销售量。通过电子商务，农产品可以打破地域的限制，扩大销售量，为农业企业获取更多的利润。

（二）农业电子商务的间接效益

（1）更好的客户关系管理。通过电子商务在互联网上介绍产品，可以为客户提供农产品的技术支持，客户可以自己查询已订购农产品的处理信息，这使客户服务人员从烦琐的日常事务中解放出来，去更好地处理与客户的关系，使客户更加满意。

（2）促进信息经济的发展和全社会的增值。农业电子商务是目前信息经济中最具前途的发展领域，是未来的农产品贸易发展方向，必将推动农业信息经济的发展。同时农业电子商务还大幅度增加世界各国的农产品贸易活动，大大提高农产品贸易环节中多数交易的成交数量。

（3）其他收益。除此之外，农业电子商务还有很多难以测算的其他收益。例如，实施电子商务后，由于信息迅速、准确地传递，而获得的一系列的成本节约或收益。如，目前广东农业网站就是靠农业企业专题信息发布、网站广告发布、定制信息分析服务、交易佣金等来获取收益。

四、电子商务促进特色农业发展

有学者认为，决定一个产业竞争能力的因素主要有五个，即消费者、现有生产商、供应商、经销商、潜在进入者，这五种力量的彼此竞争决定了该产业发展的前景态势。那么，在电子商务环境下，与特色农业相关的这五种力量会发生什么样的变化？

（一）电子商务对消费者的影响

电子商务环境下，消费者通过互联网可以了解众多商品的信息，而且对具体商品的各种功能与特征可以很方便地了解到，因此，消费者的消费自主性得到极大的提升，个性化需求成为消费者的一个显著特点。而特色农产品由于其地域或功能的独特性，易于吸引消费者的目光。特别是主打绿色健康概念的特色农产品，很容易受到消费者的青睐。互联网成为人们工作、生活不可替代的工具，网上购物也成为消费者购物的新潮流，特色农产品的网上销售模式成为可能，从而使以往局限于特定地域的特色农产品通过互联网面向全球市场，销售半径的扩展使得扩大销售量成为可能。而网上店铺每天24小时在线商品展示及销售可以极大地节约销售成本。直接面向消费者也利于收集消费者对于产品各方面的意见，对于产品质量的改进有着极为重要的作用。

（二）电子商务对现有生产商的影响

电子商务使生产商得以面对全球化的市场，一方面扩大了其销售半径，另一方面也使其面临着全球化的竞争，以前特色农产品生产商的竞争对手可能主要局限于某一特定地域，而如今其将面临全球各地特色农产品的竞争，市场竞争的加剧势必影响各自市场占有率，进而影响着各自的效益。因此，产品之间的差异性变得更加重要，谁的产品更能满足消费者需求，谁就能在市场上获得更大的收益。互联网为特色农产品培育新的顾客群体提供了廉价的信息发布渠道，网上虚拟商店能以极低的成本每天24小时向消费者展示产品的特色。同时消费者使用后的意见也可以很方便地在论坛上得以反馈，网络口碑的传播能方便地为企业带来更多的新客户。

（三）电子商务对供应商的影响

特色农业的供应商主要是种子、化肥、生产加工机械等相关生产资料的提供者。电子商务环境下，特色农产品的生产商通过互联网可以很方便地采购到所需的各种生产资料，而且能够货比多家，议价能力得以提升，价格更实惠。

（四）电子商务对经销商的影响

网上店铺直销方式的存在降低了特色农产品对传统商业模式中经销商的依赖，因而能增加生产商对经销商的议价能力，同时互联网信息的快速传递，也易于生产商对经销商的沟通与掌控。

（五）电子商务对潜在进入者的影响

电子商务的出现，使传统特色农产品的利益市场全球化，市场容量的扩大为规模效益的实现提供了可能。另外，其为上下游环节的沟通提供了低成本且有效的方式，一定程度上降低了新进入者的成本，从而会有更多瞅准商机的企业进入这一市场。

由以上分析可知，电子商务具备使特色农业面临全球市场、降低其市场推广及销售成本，增强生产商在供应链上下游环节的议价能力的优势。虽然电子商务的出现使市场竞争更趋激烈，但只要利用好这一利器，更好地打造产品特色，就一定能为我国特色农业的发展助上一臂之力，变发展特色农业的可行性为现实性。

第三节　电子商务的产生与发展

一、电子商务的产生

电子商务最早产生于20世纪60年代，发展于90年代，其产生和发展的重要条件主要如下：

计算机的广泛应用。近30年来，计算机的处理速度越来越快，处理能力越来越强，价格越来越低，应用越来越广泛，这为电子商务的应用提供了基础。

网络的普及和成熟。由于Internet逐渐成为全球通信与交易的媒体，全球上网用户呈指数增长趋势，快捷、安全、低成本的特点为电子商务的发展提供了应用条件。

信用卡的普及应用。信用卡以其方便、快捷、安全等优点而成为人们消费支付的重要手段，并由此形成了完善的全球性信用卡计算机网络支付与结算系统，使“一卡在手，走遍全球”成为可能，同时也为电子商务中的网上支付提供了重要的手段。

安全电子交易协议的制定。1997年5月31日，由美国VISA和MasterCard国际组织等联合制定的SET（Secure Electronic Transfer）即安全电子交易协议出台，该协议得到大多数厂商的认可和支持，为在开放网络上的电子商务参与者提供了一个关键的安全环境。

政府的支持与推动。自1997年欧盟发布了欧洲电子商务协议，美国随后发布全球电子商务纲要以后，电子商务受到世界各国政府的重视，许多国家的政府开始尝试网上采购，这为电子商务的发展提供了有力支持。

二、电子商务的发展

（一）20世纪60年代—90年代：基于EDI的电子商务

从技术的角度来看，人类利用电子通信的方式进行贸易活动已有几十年的历史了，早在20世纪60年代，人们就开始了用电报报文发送商务文件的工作；20世纪70年代人们又普遍采用方便、快捷的传真机来替代电报，但是由于传真文件是通过纸面打印来传递和管理信息的，不能将信息直接转入到信息系统中，因此人们开始采用EDI（电子数据交换）作为企业间进行商务往来的应用技术，这也就是电子商务的雏形。

EDI在20世纪60年代末期产生于美国。当时的贸易商们在使用计算机处理各类商务文件的时候发现，由人工输入到一台计算机中的数据70%是来源于另一台计算机输出的文件，由于过多的人为因素，影响了数据的准确性和工作效率的提高，人们开始尝试使贸易伙伴之间的计算机上的数据能够自动交换，EDI应运而生。

EDI（Electronic Data Interchange）是将业务文件按一个公认的标准从一台计算机传输到另一台计算机上去的电子传输方法。由于EDI大大减少了纸张票据，因此，人们形象地称为“无纸贸易”或“无纸交易”。

从技术上讲，EDI包括硬件与软件两大部分。硬件主要是计算机网络，软件包括计算机软件和EDI标准。

从硬件方面讲，20世纪90年代之前的大多数EDI都不通过Internet，而是通过租用的线路在专用网络上实现，这类专用的网络被称为VAN（Value AddCed Network，增值网络），这样做的目的主要是考虑到安全问题。但随着Internet安全性的日益提高，作为一个费用更低、覆盖面更广、服务更好的系统，其已表现出替代VAN而成为EDI的硬件载体的趋势，因此有人把通过Internet实现的EDI直接叫作Internet EDI。

从软件方面看，EDI所需要的软件主要是将用户数据库系统中的信息，翻译成EDI的标准格式以供传输交换。由于不同行业的企业是根据自己的业务特点来规定数据库的信息格式的，因此，当需要发送EDI文件时，从企业专有数据库中提取的信息，必须把它翻译成EDI的标准格式才能进行传输，这时就需要相关的EDI软件来帮忙了。

EDI软件主要有以下几种：

（1）转换软件（Mapper）。转换软件可以帮助用户将原有计算机系统的文件，转换成翻译软件能够理解的平面文件（Flat File），或是将从翻译软件接收来的平面文件，转换成原计算机系统中的文件。

（2）翻译软件（Translator）。将平面文件翻译成EDI标准格式，或将接收到的EDI标准格式翻译成平面文件。

（3）通信软件。将EDI标准格式的文件外层加上通信信封（Envelope），再发送到EDI系统交换中心的邮箱（Mailbox），或从EDI系统交换中心内将接收到的文件取回。

EDI软件中除了计算机软件外还包括EDI标准。美国国家标准协会（ANSI）曾制定了一个称为ANSI X.12的标准，用于美国国内。1987年联合国主持制定了一个有关行政、商业及交通运输的电子数据交换标准，即国际标准——UN/EDIFACT（UN/EDI for Administration Commerce and Transportation）。1997年，ANSI X.12被吸收到EDIFACT，使国际上用统一的标准进行电子数据交换成为现实。

（二）基于互联网的电子商务的优势

基于互联网的电子商务比基于EDI的电子商务具有以下一些明显的优势：

（1）费用低廉。由于互联网是国际化的开放性网络，使用费用很便宜，一般来说，其费用不到VAN的1/4，这一优势使得许多企业尤其是中小企业对其非常感兴趣。

（2）覆盖面广。互联网几乎遍及全球的各个角落，用户通过网线就可以方便地与贸易伙伴传递商业信息和文件。

（3）功能更全面。互联网可以全面支持不同类型的用户实现不同层次的商务目标，如发布电子商情、在线洽谈、建立虚拟商场或网上银行等。

（4）使用更灵活。基于互联网的电子商务可以不受特殊数据交换协议的限制，任何商业文件或单证都可以直接通过填写与现行的纸面单证格式一致的屏幕单证来完成，不需要再进行翻译，任何人都能看懂或直接使用。

第四节　电子商务与传统商务的异同及关系

电子商务与传统商务，既有相同点，又有很大差异，同时还有密切关系。

一、电子商务与传统商务的共同点

（1）电子商务和传统商务的本质是一样的。无论是电子商务还是传统商务，其进行的任何一笔交易都包含着以下几种基本的“流”，即信息流、资金流和物流。信息流：指交易过程前或交易过程中、交易过程后产生信息的流动过程；资金流：指交易过程中资金在双方单位（包括银行）中的流动过程；物流：指商品的流动过程。

（2）电子商务与传统商务都需要自己的活动空间。这个空间主要都包括三个方面：①交易的场所；②交易的区域；③交易的主体（卖主和买主）。

（3）无论是电子商务还是传统商务都是以货币作为媒介进行商品资源的配置的。

（4）为了从法律上保证购销双方的权益，在进行电子商务活动时，双方必须以真实的身份进入市场、提供真实的资料和产品，并且参与电子商务活动的双方在对方没有授权可公开资料的情况下有义务为对方的资料和产品保密。目前，我国正在加紧电子商务法的立法工作，这无疑将会促进我国电子商务的健康发展。

（5）电子商务的物流作业流程同传统商务的一样，其目的都是要将用户所订的货送到用户手中。基本的业务流程一般都是：进货、进货检验、分拣、储存、拣选、包装、分类、组配、装车及送货等。

二、电子商务与传统商务的不同点

（1）二者的运作过程不同。传统商务的交易过程中的实务操作由交易前的准备、贸易磋商、合同与执行、支付与清算等环节组成。其中交易前的准备就是交易双方都了解有关产品或服务的供需信息后，开始进入具体的交易协商过程。交易协商实际上是交易双方进行口头协商或书面单据的传递过程。书面单据包括询价单、订购合同、发货单、运输单、发票、验收单等。合同与执行过程，在传统商务活动中，交易协商过程经常是通过口头协议来完成的，但在协商后，交易双方必须要以书面形式签订具有法律效力的商贸合同来确定磋商的结果和监督执行，并在产生纠纷时通过合同由相应机构进行仲裁。最后是支付过程，传统的商务活动的支付一般有支票和现金两种方式，支票方式多用于企业的交易过程。

电子商务的运作过程虽然也有交易前的准备、贸易的磋商、合同的签订与执行以及资金的支付等环节，但是交易具体使用的运作方法是完全不同的。在电子商务的模式中，交易前的准备、交易的供需信息一般都是通过网络来获取的，这样双方信息的沟通具有快速和高效率的特点；电子商务中的双方协商过程是将书面单据变成了电子单据并且实现在网络上的传递；合同的签订与执行，电子商务环境下的网络协议和电子商务应用系统的功能保证了交易双方所有的交易协商文件的正确性和可靠性，并且在第三方授权的情况下具有法律效力，可以作为在执行过程中产生纠纷的仲裁依据。资金的支付，电子商务中交易的资金支付一般采取网上支付的方式。

（2）传统商务中制造商是商务中心，而在电子商务环境下销售商则是商务的主体。在传统商务下制造商负责组织市场的调研、新产品的开发和研制，最后也是由制造商负责组织产品的销售。所以可以说一切活动都是离不开制造商的。但是在电子商务环境下则是由销售商配合负责销售环节，包括产品网站建立与管理、网页内容设计与更新、网上销售的所有业务及售后服务的设计、组织与管理等，制造商就不再起主导作用。

（3）电子商务和传统商务的商品流转的机制不同。传统商务下的商品流转是一种“间接”的流转机制。制造企业所生产出来的商品大部分都经过了一系列的中间商，才能到达最终用户手中。这种流转机制无形中给商品流通增加了许多无谓的环节，也增加了相应的流通、运输、储存费用，加上各个中间商都要获取自己的利润，这样就造成了商品的出厂价与零售价有很大的价差。对此，一些制造企业就采取了直销方式（把商品直接送到商场上柜销售）。这种流转方式，使商品的价格得到了下降，深受消费者的欢迎。但是，这种方式并不能给生产企业带来更大的利润，因为直销方式要求制造厂商有许多销售人员经常奔波在各个市场之间。

电子商务的出现使得每一种商品都能够建立最直接的流转渠道，制造厂商可把商品直接送达到用户那里，还能从用户那里得到最有价值的需求信息，实现无阻碍的信息交流。

（4）电子商务和传统商务所涉及的地域范围和商品范围是不同的。传统商务所涉及的地域范围和商品范围是有限的，而随着互联网的推广与普及，特别是各类专业网站的出现，电子商务所涉及的地理范围和时间则是无限的，是超越时空的。

三、传统商务与电子商务之间的关系

（1）电子商务的物流系统可以建立在传统商务的物流系统的基础上，这样会更充分发挥物流资源的利用率。

（2）电子商务下的客户群可能就是传统商务下的客户群，从某种意义上说电子商务是传统商务的发展。

（3）电子商务的许多活动可以沿袭传统商务中的活动方式进行操作，并对它们加以改进延伸，使之能够适应新的商务条件。最后，传统商务的已有销售渠道、信息网络等也可为电子商务所用。

第五节　农产品电子商务的基本流程

对于Internet上的电子商务交易来讲，大致可以归纳为网络商品直销和网络商品中介交易这两种基本的流程。不同类型的电子商务交易，其流程是不同的。

一、网络商品直销流程

网络商品直销是指消费者和生产者，或者是需求方和供应方直接利用网络形式所开展的买卖活动。这种在网上的买卖交易最大的特点是供需直接见面，环节少，速度快，费用低。其典型流程见图1–1。

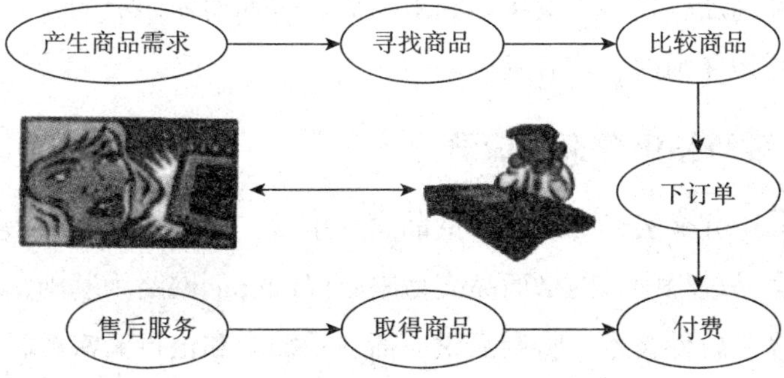

图1–1　网络商品直销的典型流程

（1）买方寻找、比较商品。消费者在Internet上查看企业和商家的主页（Home Page）。

（2）买方下订单。消费者通过购物对话框填写姓名、地址、商品品种、规格、数量、价格。

（3）买方付费。消费者选择支付方式，如信用卡、借记卡、电子货币、电子支票等，企业或商家的客户服务器接到订单后检查支付方的服务器，确认汇款额是否被认可。

（4）卖方发送商品、买方取得商品。企业或商家的客户服务器确认消费者付款后，通知销售部门送货上门。

（5）卖方取得货款。消费者的开户银行将支付款项传递到信用卡公司，信用卡公司将货款拨付给卖方，并将收费单发给消费者。

上述过程中认证中心（CA）作为第三方，确认网上经商者的真实身份，保证了交易的正常进行。

网络商品直销的诱人之处，在于它能够有效地减少交易环节，大幅度地降低交易成本，从而降低消费者所得到的商品的最终价格。消费者只需输入厂家的域名，访问厂家的主页，即可清楚地了解所需商品的品种、规格、价格等情况，从而使厂家的销售利润大幅度提高。

网络商品直销的不足之处主要表现在两个方面。第一，购买者只能从网络广告上判断商品的型号、性能、样式和质量，对实物没有直接的感知，在很多情况下可能产生错误的判断。而某些厂商也可能利用网络广告对自己的产品进行不实的宣传，甚至可能打出虚假广告欺骗顾客。第二，购买者利用信用卡进行网络交易，不可避免地要将自己的密码输入计算机，由于新技术的不断涌现，犯罪分子可能利用各种高新科技的作案手段窃取密码，进而盗窃用户的钱款。这种情况无论是在国外还是在国内，均有发生。

二、网络商品中介交易流程

网络商品中介交易是通过网络商品交易中心，即虚拟网络市场进行的商品交易。在这种交易过程中，网络商品交易中心以Internet网络为基础，利用先进的通信技术和计算机软件技术，将商品供应商、采购商和银行紧密地联系起来，为客户提供市场信息、商品交易、仓储配送、货款结算等全方位的服务。

买卖双方各自的供、需信息通过网络告诉网络商品交易中心，网络商品交易中心通过信息发布服务向交易的参与者提供大量的、详细准确的交易数据和市场信息。

买卖双方根据网络商品交易中心提供的信息，选择自己的贸易伙伴。网络商品交易中心从中撮合，促使买卖双方签订合同。

买方在网络商品交易中心指定的银行办理转账付款手续。

网络商品交易中心在各地的配送部门将卖方货物送交买方。

通过网络商品中介进行交易具有许多突出的优点：首先，网络商品中介为买卖双方展现了一个巨大的世界市场，这个市场网络储存了全世界的几千万个品种的商品信息资料，可联系千万家企业和商贸单位。每一个参加者都能够充分地宣传自己的产品，及时地沟通交易信息，最大限度地完成产品交易。这样的网络商品中介机构还通过网络彼此连接起来，进而形成全球性的大市场，目前这个市场正以每年70%的速度递增。其次，网络商品交易中心作为中介方可以监督交易合同的履行情况，有效地解决在交易中买卖双方产生的各种纠纷和问题。最后，在交易的结算方式上，网络商品交易中心采用统一集中的结算模式，对结算资金实行统一管理，有效地避免了多形式、多层次的资金截留、占用和挪用，提高了资金风险防范能力。

第六节 电子商务与新农村建设

一、电子商务在新农村建设中的地位

（一）农业电子商务有利于农村中小企业与国际市场接轨

自中国加入世贸组织后，农产品市场遇到前所未有的机遇和挑战，全球化的市场正逐渐形成。农产品市场正面临越来越沉重的国内外同行竞争的压力。因此，农民对农产品信息的了解、交流提出了更高的要求。

在传统的经济理论中，农产品市场的买卖双方是在完全信息条件下进行交易的，即价格是由供求双方的总体水平共同决定的。但在现实的市场经济条件下，农民对现实中的农产品信息难以完全了解，使得现实经济生活中的信息不对称成为主导，在农产品交易过程中，农民极度缺乏市场信息，增加了农民在农产品交易过程中的风险和不确定性。

由于我国的基本国情和长期以来受计划经济的影响，违背经济规律和市场规律的事时有发生，以及交通、通信等其他因素的原因，农民难以及时、准确、可靠地得到市场信息，导致大量农产品流通不畅。而农业电子商务给农民提供了一个获取信息的平台和渠道，借助它能实现农业信息的沟通与知识的共享，完成市场信息的收集与交换。电子商务的应用可以帮助农民科学地决策、指导生产，尽量减少不必要的经济损失。

（二）农业电子商务改变着传统的农业贸易方式

农业电子商务是建设社会主义新农村、开拓市场和参与全球竞争的必要手段。传统的“一手交钱，一手交货”的贸易模式将被打破。农民通过农业电子商务能够十分便捷、快速地完成信贷、担保、交易、支付、结汇等环节，使农民可以更贴近市场，提高生产的敏捷性和适应性，使农民可以迅速了解到消费者的偏好、购买习惯及要求，同时还可以将消费者的需求及时反映出来，从而促进了供需双方的研究与开发活动。小生产与大市场的矛盾是目前制约我国农业发展的一大障碍，而电子商务跨越了地域、时间界线的特性，可以在更大范围内调节生产与市场的矛盾。

（三）农业电子商务能有力地拓展农产品的市场份额

互联网的发展为农产品及生产资料开辟了更广泛的市场空间。农民有更多的机会将产品销售到更远的地方，同时农业电子商务可以将地理范围分散的、少量的、单独的农产品交易规模化、组织化。由于电子商务可以提供24小时的全天候营业时间，因而能让农民找到更多的新市场，吸引更多客户。另外，交互式的销售方式，使农民能够及时得到市场反馈，改进本身的工作，提供个性化服务，建立稳定的顾客群。

（四）农业电子商务能有效降低各种成本，提高效益

首先，可以降低生产成本。农民在购买生产资料或出售农产品之前，可以通过网络进行价格比对，选择最合适的交易者。同时农业电子商务可以帮助生产者及时获得管理信息、生产技术。生产者和经营者可以在网上签订种子、化肥及产品的供销合同。农民还可以在网上通过集体采购、招标等手段来降低生产成本。

另外，通过互联网可以获得市场技术、气象预报、法律法规、虫害预警等信息，这些信息都有助于降低生产成本和生产风险。同时，交易双方信息可以共享，减少中间环节由于信息不对称而带来的损失。

二、电子商务推进新农村的建设

（一）有利于农产品顺利实现产、供、销，农民拥有更多价格话语权

农民对农产品市场行情和需求情况了解较少，存在明显的信息不对称和滞后效应，从而增加了他们在农产品交易过程中的风险和不确定性，不能享受到农产品增值带来的好处，农业增产不增收的事常有发生。而农业电子商务给农民多了一个获取信息的平台和渠道，借助它能实现农业信息的沟通与知识的共享，完成市场信息的收集与交换，减少不对称信息的比重，顺利实现产品的产、供、销，同时拥有更多的价格话语权，能更多地分享中国经济发展的成果。

（二）促进农村剩余劳动力高效就业

农村劳动力供给存在不连续性的特征，尤其是近几年农产品价格上涨，很多农民回到农村重新从事农业生产，而且难以实现劳动力的规模供给，电子商务将有利于农村劳动力供求信息的及时反映，进而为农村劳动力的有序流动创造条件，从而增加农村劳动力的就业机会，实现高效就业。进城务工后的收入回流农村，又将促进农业生产。

（三）能有效降低农业生产、交易成本和产品销售成本

农业生产和养殖业中农药、化肥、薄膜、饲料等生产资料在总成本中的比率非常高，它们的价格和质量对于农产品收益有重要影响。电子商务能帮助农民有效组织规模购买，掌握主动议价权，享受数量折扣。同时通过电子商务能够更多地了解农产品生产资料的质量，辨别真假，减少受骗上当的可能性。此外，农户通过互联网可以获得市场技术、气象预报、法律法规、虫害预警等信息，这些信息都有助于降低生产成本和生产风险。最后，电子商务可以减少交易成本。据统计，在传统商务模式下，商品从订货到售出过程中费用约占企业成本的18%～20%，而利用电子商务优化供应链后，将该费用比例降低到10%～12%。再次，可以节省销售成本。使用互联网做广告，其成本要比传统广告媒体节省90%。利用网络向全球发布本地农产品资源信息，宣传、推介本地丰富的优质农产品。同时将本地区农产品推行标准化生产，创建网上农产品超市。

（四）有利于促进农业技术支持和辅导

我国农业的分散经营给农业技术支持和辅导工作带来很大的难度，而缺乏技术的支持和服务的农业生产，往往消耗了大量的生产资料，且质量不高，收益很少。农户因为不能及时获取农业灾害的预警信息而无法提前采取防范措施，往往遭受惨重损失。灾后不能及时采取补救措施，损失更不能得到有效弥补。如果利用电子商务辅之以技术人员的指导，并建立相应的技术服务网络体系，以快捷、有效的方式对农户进行技术服务，能提高农户对农用技术掌握和运用程度，提高科技在农业生产中的作用。

此外，电子商务还能给农村文化输入新鲜血液，带来创新的元素，开拓农民视野，缩小农村和城市的文化消费差距，这些都有助于新农村建设的实现。

三、电子商务支撑农村经济发展

电子商务目前已经成为国际及国内商品交易的主要手段之一，随着各地区网络的不断普及和深化，电子商务产生的贸易量正以迅猛的态势进行壮大，必将成为今后国际国内贸易的新引擎。社会主义新农村建设同样离不开电子商务的作用。发展农产品电子商务具有全局性、战略性和前瞻性，与国家发展社会主义新农村的战略一致。电子商务作为现阶段最先进的交易方式，它的存在对于农村经济的发展有着强大的推动力。

（一）电子商务活动让农民更加及时地获得市场信息

农民选择生产作物的对象主要依靠自身的经验和往年的销售情况，很少根据市场行情发展趋势或市场的供求关系进行生产，这就决定了农民生产具有很高的风险性。然而电子商务的开展将会给农民以更多可靠的消息。农民在网上可以了解现阶段市场上对各种农作物的需求情况、价格趋势以及各种原料的相应性质，进而通过可靠的市场动态来决定生产什么、生产多少、如何生产、怎样才能使土地利用效率最大化。电子商务业务为农民提供了强有力的信息支持。

（二）电子商务解决了我国农业中的“小农户与大市场”的矛盾

单个农民作为生产的主体，不能及时了解市场信息，造成农产品不适应市场需求。分散的独立生产者所生产的大宗农产品要汇集到城市中去，分销给众多的消费者，需要一套有组织的完善的销售网络体系，但农户家庭作为农业生产经营的基本组织单元，并不能支撑起日益庞大的农副产品市场的发展，单个用户和市场之间缺乏有效的连接机制，即中介缺失而非市场缺失。农产品电子商务的出现就会很好地解决这方面的问题，将小农户与大市场紧密地联系在一起。

（三）电子商务活动有助于农产品的销售

目前农村最困难的就是“卖难”，农民生产出农产品，但是由于信息不对称，生产的农产品销售不出去，给农民造成了严重的损失。而通过电子商务，农民可以在网上公开出售自己的农产品，进而更多的采购商可以从网上获得农产品的信息，采购商和农民可以在网上进行讨价还价，在网上进行交易。

（四）电子商务提高农民的素质和生活质量

电子商务象征着网络和信息时代的到来，这不单是一种先进的交易方式，也是一种很有效的教育方式。农民可以从网上获得各种各样的信息，从而更好地学习和生产。同样，农民可以在网上进行购物，选择自己喜欢的商品，提高自己的生活质量。

建设社会主义新农村是我国的一项基本国策，电子商务的发展有助于农村经济的发展与建设，从根本上解决了农村与城市信息隔绝的现象。

四、电子商务有助破解“三农”难题

在今天，电子商务不仅深深影响了消费者，也影响了中国企业，可以说，电子商务对于中国社会带来的变革是革命性的，但这种革命性的变革和影响主要还是面向城市。随着时间的推移，电子商务也将给农村带来革命性的变革。

（一）降低农业生产风险

绝大多数农民从事农业生产，往往并不是以市场需求为导向，更多的是一种习惯性生产行为。这种习惯性行为导致在不了解市场需求状况下，造成需求与供给之间的矛盾，给农业生产带来了极大的风险。农业电子商务的应用在于能够让农业生产者准确、实时了解市场动态信息，了解市场需求状况，为农业生产者降低生产风险，合理组织生产，以避免因产量和价格的巨大波动带来的效益不稳定，从而降低农业生产风险。

（二）降低农产品交易成本

传统农产品供应链环节较长，从农业生产者到消费者环节较多，导致农产品在储运、加工和销售环节中的成本过高。电子商务将农产品直接推向市场，在拓展了传统交易方式的同时简化了供应链环节，降低了农产品交易成本。

（三）增加农业收入

受时空的限制，农产品的销售渠道比较单一，一般都销往本地，或者等待上门采购。对于农业生产而言，电子商务突破了时空的限制，降低了交易信息的不对称程度，使交易主体多元化，拓宽农产品的销售渠道。销售渠道的多元化，提升了农产品价格，增加了农民收入。

但从根本上来看，电子商务不仅是提升了农民收益，更重要的是，农业电子商务将推动农业、农村现代化进程，进而减少城乡差距，在增进社会稳定等相关方面起到重要作用。

五、农产品电子商务总体发展情况

农产品电子商务在2014年迎来井喷的一年。首先，新农人群体崛起，他们活跃在各类社交平台上，成为领域内最具活力的群体，在各类电子商务平台上积极推动着农产品电子商务的实践。其次，各类电子商务平台都认识到农产品电子商务将是下一片蓝海，对此进行了积极的谋划和布局，各类专业B2C网站更是努力做深做强，欲将多年的积累化为先发的优势。再次，多种农产品在网络热销，“褚橙”“柳桃”“潘苹果”成为健康与时尚的代名词，也使得更多的优质农产品原产地看到了电子商务的力量，开始积极研发新产品上网销售。这一年对于农产品电子商务是一个从草莽到规范化、品牌化、平台化转型的一年。

六、涉农电子商务服务业目前的总体发展情况

行业的火热带来更多的服务商进入农产品电子商务领域。针对农产品电子商务人才欠缺现状，各类专业培训机构纷纷在中西部布点并研发相关课程；客服代理等新型的服务商开始出现，为解决农村客服难招问题提供了新的选择；以菜鸟网络、顺丰快递为首的物流企业也开始在农业领域发力，探索解决生鲜农产品的物流及配送难题的方案；随着淘宝网“特色中国”项目的遍地开花，针对地方土特产网络营销的本地化服务商兴起，不仅为农产品草根网商提供了急需的服务，更是促进了当地电子商务生态的健康发展。

七、农村电商发展势头迅猛

近年来，农村电商在政府支持、电商生态的协同推动下，发展势头迅猛。根据商务部2018年1月25日发布的农村网络零售数据显示，2017年全国农村实现网络零售额12 448.8亿元，同比增长39.1%。截至2017年底，农村网店达到985.6万家，同比增长20.7%，带动就业人数超过2 800万人。其中，服装鞋包、在线旅游、在线餐饮等实物和服务类产品最受青睐。

2017年农村实物类产品网络零售额7 826.6亿元，同比增长35.1%，占农村网络零售总额的62.9%。其中，服装鞋包、家装家饰、食品保健位居前三位；农村服务类产品网络零售额达到4 622.2亿元，同比增长46.6%，占农村网络零售总额的37.1%。其中，在线旅游、在线餐饮、生活服务居前三位。在线旅游、在线餐饮表现尤为突出，对农村网络零售额增长贡献率分别达到21%和17.2%，在农村网络零售全部19个品类中居于前两位。

同时，农村电商促进精准扶贫取得了新成效。主要电商平台通过产业培育、物流建设、用工帮扶、金融支持等多种形式，助力脱贫攻坚。商务部数据还显示，2017年，全国832个国家级贫困县实现网络零售额1 207.9亿元，同比增长52.1%，高出农村增速13个百分点。

第七节　农产品电子商务的路径

一、电子商务与农业龙头企业

（一）农产品电子商务推动农业龙头企业建设

（1）对农业生产具有明显的带动和示范作用。农业龙头企业是发展农业经济的主力军，龙头企业是农业产业化的中心环节，它前连农产品生产基地，后连销售大市场，在农业产业化中起着组织生产、开拓市场等重要功能。在龙头企业开展电子商务建设可以促进农业向产业化发展，可将农产品生产、加工、销售有机结合，缩短产品销售周期，减少销售中间环节，降低成本，起到带动和有效增加农民收入的作用。

（2）促进农产品流通，发展现代物流。在我国，农产品流通不畅已成为阻碍农业和农村经济健康、协调、可持续发展，影响农民增收乃至农村稳定的重要因素之一。农产品销售难的问题，实质是小农经济的生产经营与大市场、大流通不相适应矛盾的表现；是农产品生产、技术、加工、流通渠道不畅、信息传递缓慢，农产品流通的网点、规模、设施等与农产品生产规模的发展需求极不相称，现代农村市场商品流通体系尚未建立，从某种意义上来讲阻碍了农业的发展，比如2006年陕西局部西瓜滞销，严重挫伤了农民的积极性。因此，通过电子商务可以加快农产品流通，发展现代物流、连锁经营等新型业态和流通方式。

（3）促进农业企业优化资源配置。在计划经济体制下，农业资源配置以上级指令为依据，对于农业生产者来说，农业信息的作用不大。但在市场经济与比较优势战略逐渐成为我国农业发展的基本模式、国内外农产品市场已成为我国农业发展平台的大背景下，再简单地根据市场价格来确定生产规模的“蛛网模型”来理解农民在资源配置中的信息需求已不合时宜。在经济全球化背景下，不仅国内外的市场营销信息、科技信息，而且有关国内外农业政策及其变化的信息，甚至WTO农业多边贸易谈判的最新进展及其前景的信息，都对农业生产者优化资源配置有着重要的价值。

（4）加快农业信息化进程。农业生产不仅要承受市场风险，而且要承受自然风险的影响。加强农业信息系统建设在一定程度上能降低风险对农业的不利影响。从市场风险看，农业市场风险在很大程度上是由农业信息传递速度缓慢，信息准确性等多种因素而引起的生产和经营的盲目性所造成的。农民可获得的信息越充分，投资和生产决策越准确，市场风险就越小。因此，加强农业信息系统建设有利于降低农业的市场风险。从自然风险看，现代生物技术特别是转基因技术的发展，大大增强了农作物抵抗自然环境突变的特性（如作物的抗旱性、抗虫性等），现代生物技术的发展及其在农业生产中的广泛运用，无疑有利于降低农业的自然风险。由于农业信息系统建设有利于缩短农业技术供给方和需求方之间的距离，推动农业高新技术的产业化进程，因而也有利于降低农业面临的自然风险，农业龙头企业电子商务建设与应用会加快农业信息化的进程。

（5）提高农业国际竞争力。在经济全球化大背景下，一国农业发展的关键在于能否从根本上提高农业的国际竞争力。农产品国际竞争力是农产品价格竞争力、农产品质量竞争力和客户信誉竞争力三方面复合而成的。完善的农产品电子商务系统有利于从根本上提高农业的国际竞争力。农产品电子商务是世界农业发展的必然趋势和农业现代化的新内容，在经济全球化快速发展的背景下，我国国内农产品市场和国际农产品市场进一步整合，农产品电子商务逐步成为农产品交易的基本策略。

（二）农产品电子商务提高农业龙头企业经济效益

（1）显性效益。农业产业要素跨区域整合，是指对农业产业链上，生产资料供应、产品生产、产品加工和产品销售诸环节中，相关的土地、资金、劳动力、种子、种养技术、加工技术、市场销售等要素，通过跨越较大区域范围，实行多种形式的有机结合，这种结合，不是一般的简单结合，而是农业产业中优势要素之间的有机整合，带来的是较好的农业产业活力、极强的市场竞争能力、较高的经济效益和社会效益。一是增加销售收入。企业通过电子商务系统可以降低营销费用，可以进行网上新品发布、新品宣传、新品促销、市场需求调研和企业文化传播，还可以方便进行客户关系管理，为客户提供售前、售中和售后的个性化服务，巩固已有客户和吸引更多客户。这样，可以增强市场营销能力，扩大产品的销售范围和销售对象，增加销售收入。二是节省交易成本。交易成本是在商品分销和批发过程中产生的成本，它是市场价格高出企业出厂价格的那一部分，是中间批发商的利润来源，交易成本虽不反映在企业的生产成本中，但它影响了市场的需求与供给，进而影响到企业的有效产量，企业采用电子商务作为产品销售手段，可以消除产品流通的中间环节，把交易成本降低到可以忽略为零的程度。三是节省库存成本。企业利用电子商务系统可以缩短投入品采购和成品供应期，加快库存周转，维持较低库存，节省库存成本。四是降低日常营运费用。企业利用基于互联网、企业外部网和电子邮件系统，代替传统的电话和传真，进行企业内部之间以及企业与外部之间的通信往来，尤其是与外省份以及国外客户之间的通信往来，这样，可以节省大量的通信费用。

（2）隐性效益。一是提高企业的无形资产。电子商务增加了企业的技术含量，改善了企业的形象，为企业的快速发展注入了动力。二是提高作业效率、节省时间成本。企业利用电子商务系统可以提高有关环节上的作业效率，这表现在：减少停工待料和生产设备的闲置以及由此而带来的时间成本。减少向批发商或顾客延期供货，节省客户等待时间，提高客户满意度。三是提高企业管理水平和管理效率。企业通过电子商务可以把子公司或分公司的财务部门纳为集团总部财务部门的纵向管理范围，通过网络和信息系统，集团总部财会人员可以随时调出子公司或分公司的各种账目进行检查和审核，并通过特制的有关联定义的统计表格来评估可疑账目的真实性，从而加强财务监管的力度和有效性，防止潜在的财务风险。

（3）社会效益分析。农业龙头企业电子商务建设和应用可以极大促进中小型企业电子商务的发展，为电子商务在实际中的应用提供技术和应用支撑。电子商务将为农业企业经济的发展，解决“三农”问题，搞好农业经济，搞活农产品流通，加快农业信息化进程，使农产品销售与国际接轨、发展外向型现代化农业，促进农民增收，发展现代物流，将农业优势变为产业优势，提高农产品在国内国际市场上的竞争力，促进流通业商品信息化，起到积极的促进作用。

二、电子商务促进农业产业化

农业是我国的传统弱质产业，历来存在着生产经营分散，产品竞争力不强，流通环节多，交易成本高，标准化程度低等问题。特别是近年来随着世界经济全球化进程的不断加快，我国农业所面临的小生产与大市场的矛盾将更加突出。当前，流通已成为我国农业的“软肋”，严重地制约着农业整体效益的提高。因此，如何建立一种市场信息畅通、规范、高效的农产品流通新模式，已成为降低我国农产品交易成本，提高农业整体效益，保证农业持续稳定发展和促进农民增收的重大现实问题。而电子商务，作为一种以计算机网络为基础的商务信息平台，则为解决以上问题提供了成熟完善的技术条件。

（一）加速农业信息流通

以家庭为单位的小规模生产使农业生产者之间基本上不存在信息交流，农户以经验来进行生产，这种被动产销局面使农民收入徘徊不前。电子商务的运用，使农产品供需双方可以跨越时间和地域的界线，做到及时沟通，依据市场信息情况合理定产，避免了市场波动带来的效益不稳定，降低了农业生产风险。

（二）拓宽农产品销售渠道

目前，我国农产品流通体系尚不健全，产品销售渠道窄、环节多、交易成本高、供需链之间严重割裂。通过建立电子商务网上交易平台，实现了产业化带动下的农产品流通的规模化、组织化，一方面使交易双方处于信息对等的地位；另一方面，还提供了一种全新的农产品销售方式，让供求双方可以直接进行交易，降低交易成本。

（三）创新农产品营销方式

长期以来，现代商品营销中的市场调查分析、评估与预测、市场定位、产品品牌包装、服务促销等环节与手段并没有在农业产业化中得到充分运用。通过创建电子商务网站，进行网上广告、订货、付款、客户服务和货物递交等销售、售前和售后服务，以及市场调查分析、财务核算及生产安排等多项商业活动，将有利于带动起与农产品销售相关的金融、物流、交通、运输、电信等第三产业和服务业的发展，加快农业产业化的进程。

第八节　农产品电子商务领域中的新经验

一、“沱沱工社”在农产品电子商务领域的经验

（一）“沱沱工社”经营状况

相比其他同行，“沱沱工社”一直很低调。从公开消息可知，“沱沱工社”是九城集团（美国纳斯达克上市企业）旗下专注有机、安全食品的网上超市。“沱沱工社”定位更偏向于农产品电子商务，跟其他几家做生鲜电子商务的同行

在产品上有很大的差别，其主要做的还是肉、禽、蛋、奶以及蔬菜，在模式上坚持从农场到冷链配送，中间以B2C、企业级的B2B、包括移动等手段获取用户。由直营农场和联合农场统一提供货源，除了北京平谷自营农场外，在全国还有8个联合农场。经过一系列调整删减，“沱沱工社”现有2 600多个SKU（宝贝的销售属性集合），日订单数在2 800～3 000个，2013年营业额7 700万元，较2012年的2 350万元增长了227%，盈利460多万元。由于其物流投入有限，当前主要精力是在北京市场，北京六环以内可以实现次日送达。该地区市场销售比重也占到全部销售额的80%。华东市场是“沱沱工社”的第二“主战场”。

（二）重数据轻感性

在传统行业一个很常见的现象就是企业经营者在决策的过程中，很多时候是凭借自己多年来的经验感觉在做决策。作为“沱沱工社”的掌舵人，杜非的决策主要依据的就是数据，整个团队都是用一套IT的方式、数据化管控的方式、精细化管控的方式来降低风险，通过一套缜密的数据分析计算工具，来实现科学决策。

（三）精细化运营搭建自己的生态养殖系统

日常运营过程中，以每周、每月、每季度分析会的形式来分析、判断工作进度和完成情况。分析会主要针对商品、利润、损耗等情况进行讨论，把这些要素联系起来，掌控市场节奏，来判断是不是要放量，是不是要换渠道。

在营销推广方面，“沱沱工社”并没有做大面积投放，而是根据自身特点和市场承受能力，线上做精准投放，线下营销通过农场会员活动和社区活动进行，如在农场组织活动，让会员体验和感受有机生活，对企业用户，给员工做营养课程培训等。

如此一整套运营体系，节约成本的效果最为明显，用户转化、留存度，以及复购率颇为可观。据悉，“沱沱工社”50多万注册会员（非企业用户），除掉部分礼品会员，复购率也还有65%，其中留存下来的会员购物频率约每月2.5次。

生鲜电子商务要减少成本，最重要也是最具挑战性的环节便是降低损耗。损耗主要来自种植损耗、储存损耗、加工损耗、配送损耗及滞销损耗五个方面。一个需要自由呼吸的蔬菜和水果，市场周期是7天，叶菜3天。为了降低损耗，“沱沱工社”把零售业的库存考核直接引入到生鲜电子商务库存管理中，当这个商品是叶菜的时候，市场就是3天，过了1.5天后马上处理，变价抛售，这是其缩短库存管理的重要手段。另外，商品引入的时候要考核损耗率。事实上很多企业没有重视这个问题，把东西往库房一放就吆喝开卖，这是不对的。

节约资源，降低损耗方面还有新招。“沱沱工社”在河北曹妃甸的一个联合农场，正在做“立体工程”的尝试，在水系改造后，鱼塘可以养鱼和螃蟹，水面养鸭子。其“立体化循环经济”工程，在损耗比较高的时候，就直接把废料做成饲料，喂家禽和家畜。残渣倒进发酵池用来做沼气，用完了还可以喂蚯蚓，当叶肥。

如此经历好几个循环，一是做到生产端跟销售端联供，二是库管总体预警。但这一生态养殖系统的有机农产品产出有限，主要提供给VIP客户和作为员工福利，并未市场化。

（四）不追求规模，品类减法

2014年春节前后，“沱沱工社”的订单量出现爆发式增长，但由于其冷供应改造并未完成，仓储、冷藏、配送能力都很有限，“沱沱工社”不得不控制增长节奏，除了市场推广配合增长节奏外，还进行了一系列品类调整，将原来5 000个SKU减少到2 600多个SKU。但这并不意味着“沱沱工社”在品类策略上将减法进行到底，其只是在非冷链的品类在物流跟不上的时候做减法，该环节改善后，未来会考虑在有机、安全并与餐桌相关的品类上做加法。

（五）要优质用户，不要盲目促销

“沱沱工社”主攻中产阶级以上的消费群体，“中产”并不只是收入定位，更多的是一种对生活有高品质要求的态度定位。除了独立B2C平台外，“沱沱工社”还入驻了天猫、京东这些第三方平台，并成为这些平台生鲜类目中的佼佼者，时常会被邀请参加促销活动，效果也很不错。尽管如此，在做了几次促销后，“沱沱工社”主动叫停了促销，同时也多次拒绝了第三方平台的促销邀请。

二、顺丰是怎样做岭南荔枝产地直供的

顺丰速运与旗下网购商城顺丰优选、广东省高州市政府开展三方合作，由高州市政府推荐当地优质的荔枝供应商，顺丰速运提供物流解决方案，顺丰优选负责销售，通过线上线下相结合的方式，打造了一个全新的生鲜产品产地直供模式。

物流是生鲜商品从田间到餐桌的重要一环，速度与保鲜能力共同决定了生鲜电商的用户体验。但由于流通过程落后，我国每年有30%的果品和40%～50%的

蔬菜在送达消费者之前的过程中白白损耗，损耗量高达上亿吨。因此，运用现代物流理念经营对于生鲜商品的流通非常重要。在上线之初，顺丰速运与顺丰优选共创了产地直供的生鲜商品流通方式。以荔枝为例，依靠顺丰航空的快速，以及顺丰优选提供的“生鲜速配”服务，荔枝从被采摘到送达消费者手中，不超过24个小时，中途无须加冰或入库冷藏，确保了荔枝最原汁原味的口感。

三、遂昌模式

（一）遂昌模式的概念

一是以“协会+公司”的“地方性农产品公共服务平台”和“农产品电子商务服务商”的定位探索解决农村（农户、合作社、农企）对接市场的问题。

二是推出“赶街——新农产品电子商务服务站”，以定点定人的方式，在农村实现电子商务代购、生活、农产品售卖、基层品质监督执行等功能，让信息化在农村得到更深入的对接与运用。

随着电子商务的蓬勃发展，各地电子商务协会满地开花，电子商务协会角色需要升级换代。以前是半官方的非营利机构，被政府包养，不能独立自主，伸手要钱，低声下气，做不大。遂昌电子商务协会的实质是“农产品电子商务公共服务平台”，自负盈亏。“协会+公司”的性质，二者合体。遂昌县网店协会成立于2010年3月，主要承担平台公共服务项目；浙江遂网电子商务有限公司成立于2011年3月，主要承担协会旗下增值服务项目。

2010年3月成立协会，当时考虑培训能帮助就业创业，又能把当地农产品卖出去。第一年协会就帮助把遂昌的网店开到了上千个。到年底盘点，却让协会很受挫，做得好的网店微乎其微。怎样才能走出困局？他们想到一个模式：建立一个服务平台，在平台上配置单个网店不能解决的问题。由平台去规划、营销、推广，让农民回归种植、养殖，让开网店的人回归到店铺运营。网商自己只需要担任客服，其他都可以交给协会平台整合和分配资源，如四五家店需要一个设计师，就由平台聘用一个设计师来服务，节省成本。

目前，协会有30多种盈利模式，包括网上培训，其中一对多的公共服务是免费的，如对1 600多家网商会员免费培训，由协会或协会、政府共同出资；一对一的增值服务是收费的。二是和供应商谈好返利，集中采购、发货、品控、仓储，目前拥有200多家网货供应商，10多家包括物流、快递、银行等在内的第三方服务商。协助供应商开发产品、组织与举办网上活动、组建公共数据包等。平台专职工作人员160多人，2013年协会收入400多万元，协会会员销售总额达2.1亿元。

这样一来，协会明确职责，只提供中间服务，帮网商开拓销路，自己不开店。将与供应商的沟通、采购、配送与网商的培训和咨询服务，专门对接平台资源、政府关系、第三方服务商等，按这样思路开始，引发了连锁反应。

一是引发媒体特别关注，人民日报、中国青年报、新周刊，甚至国外媒体等纷纷报道，2013年学遂昌模式的有230多家，2014年有500家，协会已经成立一个接待部，高峰时每天接待三四批。二是政府需要树典型，遂昌模式将农业、电子商务、就业、创业、欠发达地区关键词集一身，获得政府大力支持。三是以阿里为代表的平台很重视，平台最烦恼的就是谁来负责食品安全和碎片化网商整合，通过协会找到了上千家供应商，在得到政府支持后，把大伙拉到一条船上去，绑定在一起。遂昌县人民政府与阿里巴巴集团淘宝网签订战略合作协议，成为中国首个网商线下安全保障机制试点县。四是引来线下超市采购。如考虑到产品全、专业度高、公信力好、沟通顺畅，沃尔玛直接联系协会采购。

遂昌模式可以复制，但有前提：政府看重、专人跟进，这样才能落地。如遂昌从下至上制定农产品标准，首先必须在行业中领先，才有话语权，然后晋级为国家标准化管理委员会成员，制定和优化标准。其次“特色中国”遂昌馆的成功，与遂昌县政府的介入和背书密不可分，政府帮助遂昌馆做的事情是自上而下的管控，而不是仅仅代替淘宝招商做事情。

当然，遂昌模式也有很多不容易复制的东西。由人才自发聚集的圈子、一开始就大力支持的政府、遂昌本地的特殊性，还有很多的机缘巧合……以及这一切累积带来的良性循环。

（二）遂昌模式的成功给我们的启示

1. 做农产品电子商务≠农民开店

一村一店不现实，那是不了解农村的人提出的。农产品电子商务不鼓励农民开店，应由专业的人做专业的事。

2. 物流难题≠自己去建物流

自建物流对于整个网购消费者市场来说无疑是一件好事，无论电子商务是从自身利益出发，还是从挤占快递竞争者的角度出发，最终受益的是消费者，他们在享受更低价格更快速度的同时还可以体验更优质更贴心的服务，商家和消费者之间的信息交换更加频繁和透明，不仅增进了消费者的满意度，也使电子商务企业不断地进步提高。但是，对于电子商务企业自身来讲，自建物流存在的资金问题、人才问题、与第三方物流商的关系等问题都抬高了电子商务行业的门槛。随着大型电子商务企业物流体系的逐步完善，电子商务行业将面临洗牌和激烈的竞争，实力不强或没有自己核心竞争力的电子商务企业将逐渐被市场淘汰。

3. 协会≠公益组织

只有盈利，才有驱动力；只有增长，才会激发能动性。用协会的心态、公司的模式去运作，平等对话，实现多赢。

四、海南农产品启动电子商务模式给我们的启示

2013年12月15日，2013年中国（海南）国际热带农产品冬季交易会落幕。在本次冬交会上，淘宝网“特色中国”海南馆正式开馆，农产品电子商务化成为本次冬交会的最大亮点，海南农产品也真正跨入电子商务模式的时代。

2013年，海南省已有4 735件商品进驻该馆，全年海南在淘宝网的销售额近18亿元，电子商务在海南的迅猛发展极大地促进了海南农产品的销售。然而，在促进海南农产品转型的同时，电子商务所引发的物流成本过高、保鲜技术受限、专业人才缺乏等瓶颈问题也备受关注，解决这些问题，将会促进海南农业在电子商务的带动下更快发展。

一个值得注意的信息是，开馆首日，三亚南鹿实业有限公司种植的牛奶莲雾被买家以300万元的价格拍下5 000箱，交出冬交会首日漂亮的成绩单，这也是至今为止三亚农产品量最大的一笔网上订单。

此前的11月25日，三亚海源智联科技有限公司与阿里巴巴集团聚划算平台成功合作举办了“汇聚海南之海南厨房”首期海南品牌农产品电子商务活动，该活动是海南农产品第一次与电子商务接轨的试水。在三天活动中，实现淘宝活动网页展现量9 215万次，引导全面成交2 400万元，显示了农产品电子商务巨大的发展潜力。

海南网上销售平台有160多家商家，共销售4 000多种海南农副产品，涵盖了水果蔬菜、海洋海产品干货、品牌加工类产品、旅游及旅游工艺品五大类。

从2013年8月起，海南省农业厅以淘宝网旗下的生态农业频道作为合作突

破口，从全省200多家农业企业中筛选出近40家条件成熟的企业，分批入驻淘宝生态农业，南国食品、春光食品和海南惠农网等企业每月交易额达到200万元以上。

在海南省农业厅的授权和支持下，三亚海源实业有限公司联合武汉白领尚品有限公司，组建三亚海源智联科技有限公司，向淘宝网申请“特色中国”海南馆的筹建工作。阿里巴巴集团十分看好海南的电子商务发展，随着“特色中国”海南馆的开馆上线，可以让海南有特色、质量好、成规模的农副产品卖得出、卖得好，同时用比较社区化的方法，建立新的应用体系，让海南农产品跑起来，送到全国数以亿计的消费者手中。

企业要想上网销售，要符合淘宝网的规定，任何一个产品必须得到认可，要有产品的“二维码”和3G标识（海南移动田头监管3G系统），这样消费者可以对产品进行追溯和比较。这也使得交易过程中的诚信和品牌建设尤为重要。进入电子商务模式的海南农产品生产者，不管是主动还是被动，必须有诚信和品牌意识。企业生产要规模化、产业化、标准化，才能满足网上销售的条件。

可以预计，电子商务平台的建立将有利于海南一万多家农民专业合作社以及上万家农业企业之间的合作和抱团，倒逼海南农业从各自为战的小农模式过渡到大农业规范生产的阶段，将农产品资源进行整合，形成一个巨大的销售网络。

五、云南省鲜花网上热销给我们的启示

2013年7月，淘宝生态农业联合聚划算推出“汇聚云南，一百万枝鲜花独家示爱”专题活动，此次花卉经云南省人民政府推荐，由云南锦苑花卉产业股份有限公司组织省内3 000多名花农精心挑选了玫瑰、百合等进行包装，所售的每一枝鲜花都是线下渠道无法买到的。

这些鲜花从花圃直接送到消费者手中，规避了传统鲜花销售中诸多可能影响花卉品质的中间环节。每盒11枝装的红玫瑰、香槟玫瑰标价89.9元，白玫瑰和粉玫瑰为49.9元，价格比传统线下渠道至少低了一半。3天预售鲜花量达到了3.5万份。

花卉是一个开放型产业，随着花卉产业的快速发展和市场的多元化需求，已有的营销模式已不能满足市场的需求。此次活动，标志着云南鲜花产业以新的姿态、新的模式面向全国消费者，将云南花卉产品及服务直接延伸到终端市场。

云南省作为全国花卉种植大省，借助互联网电子商务渠道销售谋求新的营销

模式，加快传统农业向现代化农业转变速度，提高花卉产业的经济效益，促进农民增收致富，将是一种行之有效的模式。

就云南的现实情况看，电子商务起步较晚，受物流成本高、信息化程度低、轻工业不发达等因素制约，电子商务发展比较缓慢，很难形成大规模的电子商务平台。所以，不是着力于建设本企业的电子商务平台，而是依托优势电子商务平台，利用最新最有效的网络工具，展示云南特色商品，提供本地化服务，这将是云南电子商务的生存之道。

六、“谷绿农品”的成长

2009年初，有机农产品在国内的销售已经有迹可循，只是尚没有成熟的标准来定义，这个市场似乎只是个标签市场。只要你贴上有机的标签，价格就会往上翻一些，但其质量没有一定的保证。

“谷绿农品”在2009年3月成立，创始人王安平当时是浙江大学经济学的在读硕士生。他和伙伴在黑龙江五常找到了优质大米，打算做有机农产品的销售。

但是有机农产品和传统农产品一样，在流通方面存在某些限制：区域有局限性、交易环节繁多、销售渠道窄、成本高。看上去，农产品走高端路线似乎难度大，不可行。

传统的产品销售，假如还没有响亮的品牌，其渠道多数是依靠经销代理。“谷绿农品”前期所拥有的产品不过几款，都是五谷杂粮。销售依靠线下的一些代理商，或者直接和超商合作，产品更多是以礼品的形式卖出去的。

此外，与其他线下产品一样，为了推广和宣传，“谷绿农品”每年都会参加各处的展销会和农产品博览会，也会参加一些团购活动，但总体收效不大。

更重要的是，王安平与同伴们发现，国内的农产品交易是粗放式的传统交易模式，不只提货不方便，流通的成本也很高。而他们想要的是将农产品零售出去，又想减少交易环节，降低中间成本，不得不考虑电子商务。

2010年底，“谷绿农品”开始筹备转型做电子商务，逐渐将线下的一些销售渠道砍掉，仅保留一些常规销售。

2011年初，“谷绿农品”正式入驻天猫商城，大米和杂粮虽然是非标准化的产品，但经过包装后，依据包装规格的大小，实际也是某种意义上的标准化。这时，“谷绿农品”由原先的5人创始团队增加为13人的团队，原先的五谷杂粮产品也上升为28款有机农产品。

传统的农产品市场，产供销之间并非完全接通的，有时候销售和生产的断裂会造成库存的积压，而电子商务恰好可以弥补这点。

入驻天猫仅一个月，“谷绿农品”有了爆发式的增长，第一个月的销量近20万元。

有机农产品在网络上的第一次爆发增长，并不意味着可以迅速规模化。因为有机农产品是非标准化的产品，不同于服装电子商务，追求标准化与规模化，自建工厂是其扩张的第一步。倘若服装中某一款式受欢迎，工厂还可以追加生产。但农产品是非标准化的产品，就算是大米，南北差异也很大，这种产品在自然环境以及生产方式上具有很大差别，也不可能无限追加。

事实上，利用网络进行农产品销售，多数情况下，因为农产品的地域原因，很多当地的生产方是依靠与物流企业合作，通过网络第三方平台将本地的农产品输送出去的。这种O2O的模式，可以扩大当地农产品的销售渠道，但与生产方和销售方之间仍然是脱离的，农产品依旧分散，并且规模较小。

在2011年淘宝的某次聚划算活动中，“谷绿农品”的有机糙米日销售额超过了20万元。而2012年有机追溯码的推出则让有机农产品的市场趋于成熟和规范。

经历产品为王这个阶段后，后者便是渠道为王。“谷绿农品”在天猫开设旗舰店的1年多后，开始在线上拓展渠道，先后入驻1号店、京东商城、当当网和腾讯的拍拍网等。

与此同时，先前保留的一些常规的线下代理商也开始活跃，“谷绿农品”从线下走到线上，2012年又开始经过代理商入驻线下的商城，包括杭州大厦、万象城以及北京的国贸大厦都有它的专柜，江浙沪地区也有一些代理商在活动。

看上去，从线下跑到线上，再从线上往线下走似乎是一件需要花费很长时间的事，而“谷绿农品”走得貌似快了些。但这并不表示，农产品电子商务的规模化是容易的。

如果说传统农产品通过第三方平台进行网络销售是O2O模式的话，那“谷绿农品”倒是可以视为一个垂直的农产品B2C电子商务。

目前“谷绿农品”的常驻员工有70余人，整个团队分为6个中心，分别是生产、物流、行政、销售、采购和设计中心。

生产中心负责当农产品经过基地当地的加工后运输过来，会在杭州进行二次加工和更精细的包装。

如果说有机、健康是“谷绿农品”一直试图倡导的理念的话，实际上它的产品包装反而更直观。因为农产品的非标化，“谷绿农品”的包装都是采用最直观的透明、简单的盒子或者罐子。这样的包装适合进行零售，也适合进行配送。

“谷绿农品”的十多个基地区域不同，季节变化也不同，产品也不同，涉及的产品保鲜、物流配送情况都较为复杂。

谷类杂粮在南方地区一般从5月开始就会长虫子或者发霉。有机农产品本身不添加任何化肥和杀虫剂，所以夏天，“谷绿农品”一般会将粮食存放在冷藏室，配以冷藏标签。

夏季以外，一般2—3月是“谷绿农品”的淡季，5月之后一直到年底是旺季。根据淡旺季的销售情况，王安平他们会将谷物原料保存在原产地，根据销售需求进行加工，再发往杭州的电子商务物流部。

谷物是时鲜性质不怎么鲜明的产品，实际上“谷绿农品”还有阳澄湖大闸蟹和大连长海县海参这两个产品。因为大闸蟹和海参的特殊性，其培育不可能由“谷绿农品”来完成，而是通过当地政府，以招标的形式筛选出合格的供应商，然后派遣专人小组在当地进行把关。并且直接由当地发货给顾客，而不是和其他产品一样还要发往杭州。

所以“谷绿农品”涉及两个成本，库存成本和物流配送成本。而物流配送成本又分为两块。一块是产品原产地将产品集体发往杭州电子商务物流部产生的物流费，一块则是杭州电子商务物流部将产品零售快递给消费者产生的快递费。

依据保鲜产品和非保鲜产品来划分，像大闸蟹和海参之类，“谷绿农品”采用的是冰激凌式的发货模式，和顺丰合作，用冰袋和保温箱配送发货。非时鲜类产品则是普通的快递模式。

第二章　网络营销基本知识

【案例导入】

足不出户，开辟致富路

据了解，何××从2009年初开始种紫土豆。当时他从电视上得到紫土豆信息，便上网查阅相关资料，得知紫土豆的营养价值比普通土豆高很多，除了含有普通土豆所拥有的淀粉、蛋白质、有机质等元素外，还富含花青素、维生素C、胡萝卜素等。它既可做成特色菜肴，也可做成紫土豆条等加工品，还是很好的提取花青素的原料。于是，何××购买了进口紫土豆种子试种。几个月过去了，何××每亩地，收了1 500千克紫土豆，并通过网络迅速销售出去，毛收入上万元。初尝战果后，他将自己承包的30亩土地全部种上紫土豆，并动员邻居也种植紫土豆，还为邻居们无偿提供种子和技术，承诺收购，调动了农户的积极性。紫土豆种植面积很快发展到100多亩。一年种两季，紫土豆年产量达30万千克，以每千克批发价7元计算，毛收入达210万元。

第一节　网络营销的诞生及其演变

网络营销是伴随互联网进入商业应用和信息技术的发展逐渐诞生与发展的，尤其是万维网（www）、电子邮件、搜索引擎等得到广泛应用之后，网络营销的价值才越来越明显。电子邮件虽然早在1971年就已经诞生，但在互联网普及应用之前，并没有被应用于营销领域。到了1993年，才出现基于互联网的搜索引擎。1994年10月网络广告诞生。1994年被认为是网络营销发展的重要一年，因为网络广告诞生的同时，基于互联网的知名搜索引擎Yahoo、Web Crawler、Infoseek、Lycos等也相继在1994年诞生，另外，美国亚利桑那州两位从事移民签证咨询服务的律师Laurence Canter和Martha Siegel通过互联网发布E-mail广告，只花费了20美元的上网通信费用就吸引来25 000名客户，赚了10万美元。由于这次事件所产生的影响，人们才开始认真思考和研究网络营销的有关问题，网络营销的概念也逐渐开始形成。从这些事实来看，可以认为网络营销诞生于1994年。此后，随着企业网站数量和上网人数的日益增加，各种网络营销方法也开始陆续出现，网络营销进入了快速发展时期。纵观企业营销观念的演变史，最具革命性的进步意义就在于突出了消费者利益和走向世界。而利用互联网进行的营销活动——网络营销恰恰迎合并突出了这种特征。它直接、高效、低成本地实现了营销观念的两大主要目标，因此，网络营销必将成为21世纪营销的主要形式。

第二节　网络营销的理论基础

网络营销的理论基础主要是网络整合营销理论、网络软营销理论、网络关系营销理论、网络直复营销理论。

一、网络整合营销理论

在后工业化社会中，服务业的发展是经济的主要增长点。后工业化社会要求企业的发展必须以服务为主，必须以顾客为中心，为顾客提供适时、适地、适情的服务，最大限度上满足顾客需求。互联网作为跨时空传输的“超导体”媒体，可以为顾客异地提供及时的服务，同时通过互联网的交互性可以了解顾客需求并提供针对性的响应，因此互联网可以说是消费者时代中最具魅力的营销工具。

网络整合营销理论主要包括以下几个关键点：

网络营销首先要求把消费者整合到整个营销过程中来，从他们的需求出发开始整个营销。网络营销要求企业的分销体系以及各利益相关者要更紧密地整合在一起。

互联网对市场营销的作用，可以通过对4Ps（产品/服务、价格、分销、促销）结合发挥重要作用。利用互联网，传统的4Ps营销组合可以更好地与以顾客为中心的4Cs（顾客、成本、方便、沟通）相结合。

1. *产品和服务以顾客为中心*

互联网具有很好的互动性和引导性。一方面，企业通过互联网引导用户对产品或服务进行选择或提出具体要求，企业根据顾客的选择和要求及时进行生产并提供相应的服务，使得顾客跨时空获得所需的产品和服务；另一方面，企业还可以及时了解顾客需求，并根据顾客要求组织及时生产和销售，提供企业的生产效益和营销效率。比如，美国的Dell公司，在1995年是亏损的，但在1996年，它们通过互联网来销售电脑，业绩得到100%增长。原因在于顾客通过互联网，在公司官网上选择和组合电脑，然后，公司的生产部门马上根据要求组织生产，组装好后邮寄给顾客，因此公司实现了零库存生产。尤其是在电脑部件价格急剧下降的年代，零库存不但可以降低库存成本，还可以避免因高价进货带来的损失。

2. 以顾客能接受的成本定价

传统的以生产成本为基准的定价，在以市场为导向的营销中是必须摒弃的。新型的价格应是以顾客能接受的成本来定价，并依据该成本来组织生产和销售。企业以顾客为中心进行定价，需要测定市场中顾客的需求和对价格的认同标准，否则这一定价原则就是空中楼阁。

根据以顾客能接受的成本来定价，企业可以很容易通过互联网来实现。顾客通过互联网提出自己能够接受的成本，企业根据顾客的成本提供柔性的产品设计和生产方案供顾客选择，直到顾客认同确认后再组织生产和销售，所有这一切都是顾客在公司的服务器程序的导引下完成的，并不需要专门的服务人员，因此成本也很低。目前，美国的通用汽车公司允许顾客在互联网上，通过公司的有关导引系统自己设计和组装满足自己需要的汽车。用户首先确定接受价格的标准，然后系统根据价格的限定从中显示满足要求式样的汽车，用户还可以进行适当的修改，公司最终生产的产品恰好能满足顾客对价格和性能的要求。

3. 产品的分销以方便顾客为主

网络营销是一对一的分销渠道，是跨时空进行销售的，顾客可以随时随地利用互联网订货和购买产品。以法国钢铁制造商犹齐诺-洛林公司为例，该公司由于采用了电子邮件和世界范围的订货系统，从而把加工时间从15天缩短到24小时。目前，犹齐诺-洛林公司通过互联网，能提供比对手更好、更快的服务。该公司通过内部网与汽车制造商建立联系，从而能在对方提出需求后及时把钢材送到对方的生产线上。

4. 压迫式促销转向加强与顾客沟通和联系

传统的促销是企业为主体，通过一定的媒体或工具对顾客进行压迫式的促销，加强顾客对公司和产品的接受度和忠诚度，顾客是被动接受的。压迫式促销不仅公司缺乏与顾客的沟通和联系，而且，公司的促销成本很高。互联网上的营销是交互式的和一对一的，顾客可以参与到公司的营销活动中来。因此，互联网加强了与顾客的沟通和联系，并且能够详尽地了解顾客的需求，更易引起顾客的认同。美国的新型明星公司雅虎（Yahoo）公司，开发出能在互联网上对信息分类检索的工具，由于该产品具有很强交互性，用户可以将自己认为重要的分类信息提供给雅虎公司，雅虎公司马上将该分类信息加入产品中供其他用户使用，因此不用作宣传其产品就广为人知，在短短两年之内公司的股票市场价值达几十亿美元，增长几百倍之多。

二、网络软营销理论

网络软营销理论是针对工业经济时代的、以大规模生产为主要特征的“强式营销”提出的新理论。该理论认为顾客在购买产品时，不仅满足基本的生理需要，还满足高层的精神和心理需求。因此，软营销的一个主要特征是遵循网络礼仪，通过对此的巧妙运用获得希望的营销效果。它强调企业在进行市场营销活动的同时必须尊重消费者的感受和体验，让消费者能舒服地主动接收企业的营销活动。

传统营销活动中最能体现强势营销特征的是两种促销手段：传统广告和人员推销。在传统广告中，消费者常常是被迫地被动地接收广告信息的“轰炸”，它的目标是通过不断的信息灌输方式在消费者心中留下深刻的印象，至于消费者是否愿意接收，需要不需要则不考虑。在人员推销中，推销人员根本不考虑被推销对象是否愿意和需要，只是根据推销人员自己的判断强行展开推销活动。

在互联网上，由于信息交流是自由、平等、开放和交互，强调的是相互尊重和沟通，网上使用者比较注重个人体验和隐私保护。因此，企业采用传统的强势营销手段在互联网上展开营销活动势必适得其反，如美国著名AOL公司曾经对其用户强行发送E-mail广告，结果招致用户的一致反对，许多用户约定同时给AOL公司服务器发送E-mail进行报复，结果使得AOL的E-mail邮件服务器处于瘫痪状态，最后不得不道歉以平息众怒。网络软营销恰好是从消费者的体验和需求出发，采取拉式策略吸引消费者关注企业来达到营销效果。在互联网上开展网络营销活动，特别是促销活动一定要遵循网络虚拟社区形成规则，有的也称为“网络礼仪”（Net-iquette）。网络软营销就是在遵循网络礼仪规则的基础上，巧妙运用营销手段达到一种微妙的营销效果。

三、网络关系营销理论

关系营销是1990年以来受到重视的营销理论，它主要包括两个基本点：在宏观上认识到市场营销会对范围很广的一系列领域产生影响，包括顾客市场、劳动力市场、供应市场、内部市场、相关者市场以及影响者市场（政府、金融市场）；在微观上，认识到企业与顾客的关系不断变化，市场营销的核心应从过去的简单的一次性的交易关系，转变到注重保持长期的关系上来。企业是社会经济大系统中的一个子系统，企业的营销目标要受到众多外在因素的影响，企业的营销活动是一个与消费者、竞争者、供应商、分销商、政府机构和社会组织发生相互作用的过程，正确理解这些个人与组织的关系是企业营销的核心，也是企业成败的关键。

关系营销的核心是保持顾客，为顾客提供高度满意的产品和服务价值，通过加强与顾客的联系，提供有效的顾客服务，保持与顾客的长期关系。并在与顾客保持长期关系的基础上开展营销活动，实现企业的营销目标。实施关系营销并不是以损伤企业利益为代价的，根据研究，争取一个新顾客的营销费用是老顾客费用的5倍，因此加强与顾客关系并建立顾客的忠诚度，是可以为企业带来长远利益的，它提倡的是企业与顾客双赢策略。互联网作为一种有效的双向沟通渠道，企业与顾客之间可以实现低费用成本的沟通和交流，它为企业与顾客建立长期关系提供有效的保障。这是因为，首先，利用互联网，企业可以直接接收顾客的订单，顾客可以直接提出自己的个性化需求。企业根据顾客的个性化需求利用柔性化的生产技术最大限度满足顾客的需求，为顾客在消费产品和服务时创造更多的价值。企业也可以从顾客的需求中了解市场、细分市场和锁定市场，最大限度降低营销费用，提高对市场的反应速度。其次，利用互联网，企业可以更好地为顾客提供服务和与顾客保持联系。互联网的不受时间和空间限制的特性，能最大限度地方便顾客与企业进行沟通，顾客可以借助互联网在最短时间内以简便方式获得企业的服务。同时，通过互联网，企业可以实现对从产品质量、服务质量到交易服务等整个过程的全程质量的控制。

另外，通过互联网，企业还可以实现与企业相关的企业和组织建立关系，实现双赢发展。互联网作为最廉价的沟通渠道，它能以低廉成本帮助企业与企业的供应商、分销商等建立协作伙伴关系。如联想电脑公司，通过建立电子商务系统和管理信息系统实现与分销商的信息共享，降低库存成本和交易费用，同时密切双方的合作关系。

四、网络直复营销理论

网络营销作为一种有效的直复营销策略，说明网络营销的可测试性、可度量性、可评价性和可控制性。因此，利用网络营销这一特性，可以大大改进营销决策的效率和营销执行的效用。

网络直复营销理论是20世纪80年代引人注目的一个概念。美国直复营销协会对其所下的定义是：一种为了在任何地方产生可度量的反应和（或）达成交易所使用的一种或多种广告媒体的相互作用的市场营销体系。直复营销理论的关键在于它说明网络营销是可测试的、可度量的、可评价的，这就从根本上解决了传统营销效果评价的困难性，为更科学的营销决策提供了可能。

第三节　网络营销内涵

一、网络营销的概念

网络营销（Online Marketing或E-Marketing）就是以国际互联网为基础，利用数字化的信息和网络媒体的交互性来辅助营销目标实现的一种新型的市场营销方式。网络营销不单纯是指网络技术和网上销售，是企业现有营销体系的有力补充，是企业整体营销的一部分。根据不同的标准，网络营销可以分为以下几类：

1. 从网络营销的范围来分

（1）广义的网络营销。笼统地说，网络营销就是指企业利用包括Intranet企业内部网、EDI行业系统专线网及Internet国际互联网在内的一系列计算机网络开展的营销活动。

（2）狭义的网络营销。狭义的网络营销专指国际互联网营销，是组织或个人基于开放便捷的互联网，对服务、产品所做的一系列经营活动，从而达到满足组织或者个人需求的全过程。

（3）整合网络营销。2002年资深网络营销实践者敖春华提出整合网络营销的概念：网络营销是企业整体营销战略的一个组成部分，是为实现企业总体经营目标所进行的，以互联网为基本手段营造网上经营环境的各种活动，其核心是经营网上环境，这是整合营销所提出的一个创造品牌价值的过程，同时有效整合各种网络营销手段以此制造更好的营销环境。

2. 从网络营销建设的不同标准来分

不同的网络营销网站，它们的评价指标值各不相同，因而从网络营销指标体系的四个方面形成不同的组合。网络营销评价的指标主要由以下四部分构成：网站设计指标、网站推广指标、网站的用户流量指标、网络营销成本效益指标。根据这个指标将网络营销分为五种类型。

（1）初级型网络营销。对这种网络营销的评价结果表现为，评价指标体系的四个方面均表现较差。这类网络营销人员可能是刚刚起步，也可能是没有过多地重视网络营销。对于这类网站，要加大对网络营销的重视，加大投入，特别是要引进强有力的领导者，从初级做起，逐步使整个网络营销上新台阶。

（2）展示型网络营销。展示型网络营销又称华而不实型网络营销，这种网站在一个较短时期内知名度极高，在评价指标上表现为网站推广指标和网站的用户流量指标较高，但是，网站设计指标和网络营销成本效益指标却非常低。这种网络营销只要采取措施，改善两个较低指标，其前途也是光明的。

（3）潜力型网络营销。这些网站影响力较大，在评价指标上表现为网站设计指标、网站推广指标和网站的用户流量指标都较高，但是，网络营销成本效益指标却很低。网络营销人员应加大将无形资产转化为有形货币收入的力度，仔细研究创收的切入点。但是，如果创收的切入点没有把握好，前期所做的努力可能毁于一旦。网络营销人员要积极地认识到自身的优势，走好最后的一大步还是有良好基础的。

（4）收益型网络营销。这种网站的四项评价指标除了网络营销成本效益指标很好外，其他三项均不突出。很多原因导致了这种现象，最主要的可能就是企业的知名度较大，其产品或服务很受大众欢迎，致使其进行网络营销的起点比较高，很快就能通过网络营销直接受益。但有两点需要注意：一方面没有充分占领其市场，没有把收益最大化；另一方面，其地位并不巩固，若不积极加大网络营销的力度，它很可能在不久的将来被后来者替代。

（5）完美型网络营销。这种网站的四项指标都处于领先地位，是在很高的水平上开展网络营销活动，而且网站和企业都具有很强的可持续发展的能力，它是所有网络营销人员追求的目标。

五种类型的网络营销指标对比见表2–1。

表2-1　五种网络营销指标对比表

类型	网站设计指标	网站推广指标	网站的用户流量指标	网络营销成本效益指标
初级型网络营销	低	低	低	低
展示型网络营销	一般	一般	一般	高
潜力型网络营销	高	高	高	低
收益型网络营销	低	高	高	低
完美型网络营销	高	高	高	高

3. 从网络营销的前期推广来分

口碑营销、网络广告、媒体营销、事件营销、搜索引擎优化（SEO）、E-mail营销、数据库营销、短信营销、电子杂志营销、病毒式营销、问答营销、针对B2B商务网站的产品信息发布以及平台营销等。

二、网络营销的特点

市场营销最本质的就是在组织和个人间进行信息的传播和交换，如果没有信息交换，交易也就是无本之源。互联网具有营销所要求的某些特性，而且伴随着互联网技术的成熟发展，访问互联网越来越方便快捷、成本越来越低，因此越来越多的企业开始通过互联网进行网络营销，网络营销呈现以下几方面的特点：

1. 跨时空性

网络营销最根本的特点就是跨越了地域和时间的限制，从而进行信息的交换和沟通，使得交易的发生在任何时间、任何地点都成为可能，企业拥有更大空间和更多时间进行营销。因此，企业可以占有尽可能多的市场份额，从而提高企业的竞争力。正因为网络营销的跨时空性，使得消费者拥有更大的可选择空间和更加周到的服务，大大提高了顾客对网络营销的接受程度。

2. 交互性

网络营销中的一对一、双向的交互式沟通方式取代了传统营销中一对多、单向的信息沟通方式。网络营销中，消费者可以主动地在网上选择自己需要的产品和服务，并且向企业提出自己的消费需求，表达自己的消费意愿。同时，企业也可以根据消费者的需求来改进、开发、定制自己的产品和服务。这种交互的沟通方式是以消费者为主导，不具有强制性，它使得企业与消费者间的沟通更加的直接、更加的迅速、更加的方便，也更加的有效。

3. 个性化

网络营销是一种以消费者为导向，强调个性化的营销方式。网络营销充分地显现了以顾客为中心的重要地位，顾客拥有更大的选择自由，顾客根据自己的实际需求在全球范围内挑选满意的产品和服务，而企业则从消费者身上寻找商机，为其提供称心如意的产品和服务。

4. 经济性

开展网络营销，通过互联网进行信息交换来代替实物交换。一方面，可以节省实际店面的相关费用和相关的人工成本，减少库存产品的资金占用；另一方面，可以减少由于多次交换带来的耗损。

5. 高效性

网络营销缩短了传统的供应链，减少了许多营销环节，提高了经营效率。同时，网络营销运用计算机储存信息量大的优点，可以足不出户帮助消费者方便地进行海量信息查询，提高了消费者获取信息的效率。

6. 拟人化

互联网的营销是一对一的、理性的、消费者主导的、非强迫性的、循序渐进式的，而且是一种低成本与人性化的营销，避免推销员强势推销的干扰，并通过信息提供交互式交谈，与消费者建立长期良好的关系。

7. 成长性

互联网用户遍布全球且增长速度非常快，这些使用者大多数比较年轻、文化水平相对较高，属于中产阶级水平，且具有较强的购买力和影响力，因此这一渠道具有很大的开发潜力。

8. 整合性

互联网的营销可由商品信息至收款、售后服务一气呵成，因此也是一种全程的营销渠道。企业可以借助互联网将不同的传播营销活动进行统一设计规划和协调实施，以统一的传播资讯向消费者传达信息，避免不同传播中不一致性产生的消极影响。

9. 超前性

互联网是一种功能强大的营销工具，它同时兼具渠道、促销、电子交易、互动顾客服务以及市场信息分析与提供的多种功能。它所具备的一对一营销能力，正符合定制营销与直复营销的未来趋势。

10. 技术性

网络营销是建立在高科技的支撑之上的，企业实施网络营销必须有一定的技术投入和技术支持。

三、网络营销的功能

网络营销是企业整体营销战略的一个组成部分，是为实现企业总体经营目标所进行的、以互联网为基本手段，营造网上经营环境的各种活动。网络营销的核心思想就是“营造网上经营环境”，网络营销应该具有以下几项主要功能：

1. 品牌价值扩展和延伸

美国广告专家莱利·莱特预言：未来的营销是品牌的战争，拥有市场比拥有工厂更重要。拥有市场的唯一方法，就是拥有占市场主导地位的品牌。

互联网的出现不仅给品牌带来了新的生机和活力，而且推动和促进了品牌的拓展和扩散。网络营销的重要任务之一就是通过一系列的措施，在互联网上建立并推广企业的品牌。知名企业的网下品牌可以在网上得以延伸，一般企业则可以通过互联网快速树立品牌形象，取得客户和公众对企业的认知和认可，并提升企业整体形象。在一定程度上说，网络品牌的价值甚至高于通过网络获得的直接收益。实践证明，互联网不仅拥有品牌、承认品牌，而且在重塑品牌形象、提升品牌的核心竞争力、打造品牌资产等方面具有其他媒体不可替代的效果和作用。

对于电子商务企业，其网络品牌建设是以企业网站建设为基础的。网络所有功能的发挥都要以一定的访问量为基础，所以，网址推广是电子商务企业网络营销的核心工作。因此，网上调研成为网络营销的主要支撑之一。

2. 客户关系管理

客户关系管理是企业利用相应的信息技术以及互联网技术来协调企业与顾客间在销售、营销和服务上的交互，从而提升其管理方式，向客户提供创新式的个性化的客户交互和服务的过程。其最终目标是吸引新客户、保留老客户以及将已有客户转为忠实客户，是网络营销取得成效的必要条件，是企业重要的战略资源。

在传统的经济模式下，由于认识不足或自身的条件的局限，企业在管理客户资源方面存在着较为严重的缺陷。针对上述情况，在网络营销中，通过客户关系管理，将客户资源管理、销售管理、市场管理、服务管理、决策管理集于一体，将原本疏于管理、各自为战的销售、市场、售前和售后服务与业务统筹协调起来，即可跟踪订单，帮助企业有序地监控订单的执行过程，规范销售行为，了解新、老客户的需求，提高客户资源的整体价值。利用互联网提供的方便快捷的在线客户服务，如FAQ（常见问题解答）、邮件列表、BBS、信息跟踪与订制等各种即时信息服务，提高服务质量，增加客户的满意度，提高客户的忠诚度，并通过收集、整理、分析客户反馈信息，全面提升企业的核心竞争能力。

3. 特色服务功能

网络营销具有特色服务功能。服务的内涵和外延都得到了扩展和延伸。顾客不仅可以获得FAQ、邮件列表，以及BBS等各种即时信息服务，还可以获取在线收听、收视、订购、交款等选择性服务，信息跟踪、信息定制到智能化的信息转移、手机接听服务，以及网上选购、送货到家的上门服务等。这种服务及服务之后的跟踪延伸，不仅极大地提高顾客的满意度，使以顾客为中心的原则得以实现，而且客户成为商家的一种重要的战略资源。

4. 信息搜索功能

信息的搜索功能是网络营销能力的一种反映。在网络营销中，将利用多种搜索方法，主动地、积极地获取有用的信息和商机；主动地进行价格比较，了解对手的竞争态势，主动地通过搜索获取商业情报，进行决策研究。

随着信息搜索功能由单一向集群化、智能化的发展，以及向定向邮件搜索技术的延伸，使网络搜索的商业价值得到了进一步的扩展和发挥，寻找网上营销目标将成为一件易事。

5. 信息发布功能

发布信息是网络营销的主要方法之一，也是网络营销的又一种基本职能。各种营销方式，都是将一定的信息传递给目标人群（客户、潜在客户、媒体、合作伙伴、竞争者等）。网络营销在它特有的信息发布环境里，可以在任何时间将信息以最佳的表现形式进行发布，并且满足覆盖性和丰富性要求，更重要的是，在网络营销中的信息发布可以是双向互动的。

6. 销售渠道开拓功能

网络具有极强的穿透力。传统营销中，经济壁垒、地区封锁、人为屏障、交通阻隔、资金限制、语言障碍、信息封闭等，对信息的传播和扩散都起到了一定的阻碍作用，而网络营销则不然。新技术的诱惑力，新产品的展示力，图文并茂、声像俱显的昭示力，网上路演的亲和力，地毯式发布和爆炸式增长的覆盖力，将整合为一种综合的信息能力。能快速地疏通种种渠道，打开进入的路线，实现和完成市场的开拓使命。

7. 经济效益增值功能

网络营销会极大地提高营销者的获利能力，使营销主体提高或获取增值效益。这种增值效益的获得，主要是通过提高网络营销效率，降低营销成本，增加商业机会，更由于在网络营销中，累加新信息量，使得原有信息量的价值实现增值，或提升其价值。

总之，开展网络营销的意义就在于充分发挥网络的各种功能，促进销售，提升企业的竞争力。

第四节 网络营销与电子商务

关于网络营销和电子商务，经常会有人混淆。电子商务与网络营销是既关联又独立的两个概念，本节将讲解它们的不同之处。

一、电子商务的概念

所谓电子商务是指采用电子或电子技术，以商务为核心，将传统意义上的销售转移到以互联网平台的销售模式。买卖双方不必谋面就可以通过网络银行或其他支付平台交易，实现网上购物，进而突破地域的限制。电子商务有七种存在模式：B2B、B2C、C2C、B2M、M2C、B2A、C2A。

1. B2B

全称Business to Business，意指企业与企业之间通过互联网平台进行交易。比较典型的电子商务网站有阿里巴巴、慧聪网、中国114黄页网等，图2–1为阿里巴巴的截图。

通过B2B平台，商家之间能轻松地发布产品或查询信息，进行进货、销售、批发等交易。整个交易流程都通过网络进行，极大地方便了企业之间的信息、交流和产品流通。

2. B2C

全称是Business to Customer，是指商家与顾客之间通过网络进行交易的电子商务平台。B2C平台服务商在给商家带去消费群的同时，也为商家和消费者提供了服务，促进了公正公平交易的开展。典型的B2C模式电子商务平台有淘宝商城、麦考林购物、当当网、京东商城等，如图2-2、图2-3所示。

图2–1　阿里巴巴截图

图2–2　淘宝截图

淘宝网成立于2003年5月10日，由阿里巴巴集团投资创办，最初定位于C2C。在用户稳定以后，淘宝于2008年推出了淘宝商城，属于典型的B2C。目前淘宝的大卖家都集中于此。

图2–3　淘宝商城截图

3. C2C

全称为Consumer to Consumer，是指个人与个人之间的电子商务。C2C的典型的商务模式是百度C2C、淘宝网、拍拍网等。

4. B2M

这是一种全新的电子商务模式，有两种模式都称为B2M，一种是Business to Manager，所面向的受众群体是职业经理人，企业通过网络平台发布产品和服务，职业经理人为企业服务，获得佣金。另一种是Business to Marketing，通过互联网和各种渠道使站点成为企业的重要营销渠道。

5. M2C

全称为Manager to Consumer，是职业经理人通过网络将服务或产品卖给消费者，在这一环节中，不再是企业面向消费者，而是由职业经理人为企业操作。

6. B2A

全称为Business to Admlnistrations，指的是企业与政府机构之间进行的电子商务活动。例如，政府有采购的计划，在互联网上将细节进行公布，并通过指定的互联网平台进行竞价招标，竞标的企业也是通过互联网进行投标，最终通过公平公正的方式决定最终优胜者。

7. C2A

全称为Consumer to Administration，指的是政府对个人的电子商务活动。

二、网络营销与电子商务的差别

网络营销是电子商务的重要组成部分，但是进行网络营销并不一定要做电子商务；反过来，如果要实现电子商务必定以网络营销为前提。

随着互联网的发展，网络用户的激增，越来越多的企业愿意将整体营销战略偏向网络营销。网络营销是促进交易的一种手段，而交易间的电子化流程可以理解为电子商务。网络营销从很大程度上带动了网上交易，并推广企业品牌，扩大企业知名度。但同时电子商务与网络营销又是一对联系紧密而又区别明显的两个概念。

1. 范围上的不同

电子商务的范围远远大于网络营销，而网络营销属于电子商务的一个环节。

2. 侧重点上的不同

电子商务侧重于网上交易的实现过程和结果，而网络营销更侧重于在网络上开展的相关宣传与推广活动。作为企业进行网络直复营销的一部分，无论交易成功与否，网络营销起到的是一种促进作用，并支持企业在网上达成更多的交易。

第五节　网络市场调研

网络市场调研是网络营销前期工作中最重要的环节之一，通过调研可以获得竞争对手的资料，摸清目标市场和营销环境，为经营者细分市场、识别受众需求和确定营销目标等提供相对准确的决策依据。

一、网络市场调研的概念

网络市场调研是指以科学的方法，系统地、有目的地收集、整理、分析和研究所有与市场有关的信息，特别是有关消费者的需求、购买动机和购买行为等方面的市场信息，从而作为制定相关营销决策的基础。网络市场调研是市场营销链中的重要环节，一个策划完美的营销方案必须建立在对市场细致周密的调研基础上。网络市场调研的内容包括对消费者、竞争者以及整个市场情况的及时报道和准确分析。

理解网络市场调研的概念应注意把握以下几点：①网络市场调研并非对市场营销中的所有问题盲目地进行调查，而是指为了某项市场营销决策所进行的调研。②网络市场调研是服务于网络市场营销，而又监控营销管理过程的主要手段。③网络市场调研是具体的营销决策的重要环节和前提。④网络市场调研是一个系统，它包括对有关资料进行系统的计划、收集、记录、分析、解释、反馈和报告的过程。

二、网络市场调研的步骤

网络市场调研与传统市场调研一样，应该遵循一定的步骤，以保证调研的质量。网络市场调研的一般步骤为：明确问题与确定调研目标、制订调查计划、收集信息、分析信息、提交报告等。

1. 明确问题与确定调研目标

明确问题和确定调研目标对使用网络搜索的手段来说尤为重要。Internet是一个庞大的信息流，当开始搜索时，有可能无法精确地找到所需要的重要数据，不过肯定会发现一些没有价值或价值不大但很有趣的信息。这似乎验证了Internet信息搜索的定律：在Internet上总能找到你不需要的东西，其结果是你为之付出了时间和上网费的代价。

因此，在开始网络搜索时，头脑里要有一个清晰的目标并仔细寻找。下面介绍一些可以设定的目标。

（1）谁有可能想在网络中使用企业的产品或服务？

（2）谁有可能要买企业提供的产品或服务？

（3）在所从事的行业中，谁已经上网？他在干什么？

（4）企业的客户对企业竞争者的印象如何？

（5）在企业的日常运作中，可能要受哪些法律、法规的约束？如何规避？

2. 制订调查计划

网络市场调研的第二个步骤是制订出最为有效的信息搜索计划。具体来说，就是要确定资料来源、调查方法、调查手段、抽样方案和联系方法。

（1）资料来源。资料来源主要用来确定收集的是二手资料还是一手资料（原始资料）。

（2）调查方法。网络市场调查可以使用专题讨论法、问卷调查法和实验法。

①专题讨论法是借用新闻组、邮件列表讨论组和网络论坛（也称为BBS，电子公告牌）的形式进行。

②问卷调查法可以使用E-mail发送（主动出击）和在网站上刊登（被动）等形式。

③实验法则是选择多个可比的主体组，分别赋予不同的实验方案，控制外部变量，并检查所观察到的差异是否具有统计上的显著性。这种方法与传统的市场调查所采用的原理是一致的，只是手段和内容有所差别。

（3）确定调查手段。调查手段一般有以下几种：

①在线问卷。其特点是制作简单、分发迅速、回收方便，但要注意问卷的设计水平。

②交互式计算机辅助电话访谈。这一系统是利用一种软件程序在计算机辅助电话访谈系统上设计问卷结构并在网络中传输。Internet服务器直接与数据库连接，对收集到的被访者答案直接进行储存。

③网络调研。这一系统是专门为网络调研设计的问卷链接及传输软件。它包括整体问卷设计、网络服务器、数据库和数据传输程序。

（4）抽样方案。抽样方案主要用来确定抽样单位、样本规模和抽样程序等。

（5）联系方法。采取网络交流的形式，如利用E-mail传输问卷、参加网络论坛等。

3. 收集信息

Internet的快速发展使得资料收集日益快速便捷，Internet没有时空和地域的限制，因此，网络市场调研可以在全国甚至全球范围内进行。同时，收集信息的方法也很简单，直接在网络中递交或下载即可。这与传统市场调研的收集资料方式有很大的区别。

4. 分析信息

分析信息是网络市场调研中非常关键的一步，调查人员如何从数据中提炼出与调查目标相关的信息，将直接影响到最终的结果。可使用一些数据分析技术，如交叉列表分析技术、概括技术、综合指标分析和动态分析等。

目前，国际上较为通用的分析软件有SPSS、SAS等。网络信息的一大特征是即时呈现，而且很多竞争者也可能从一些知名的商业网站上看到同样的信息，因此分析信息的能力相当重要，它能使人们在动态的变化中捕捉到商机。

5. 提交报告

调研报告的撰写是整个调研活动的最后一个阶段。报告不是数据和资料的简单堆砌，调研人员不能把大量的数字和复杂的统计技术扔到管理人员面前，否则就失去了调研的价值。正确的做法是把与市场营销关键决策有关的主要调查结果报告出来，并以调查报告所应具备的正规结构进行写作。

三、网络市场调研的方法

1. 实际调研

（1）网络市场直接调研。是指利用互联网技术，通过网上问卷等形式调查网络消费者行为及其意向的一种市场调研类型。按调研的思路不同可以分为网上问卷调研和网上论坛等调研方法。例如：通过Java编写的网站应用程序，随机选择访问者，并弹出问卷窗口，邀请其参加访问。在线询问与传统询问法相似，只是调查人员可以根据计算机显示器上读出的问题，同时向多个被调查者提问，并将他们回答的数据直接输入计算机。此法可在同一时间里与多个人进行询问，且具有较高的经济性，同时，也可以消除从询问表到输入计算机的大量工作和差错。在美国，计算机辅助电话询问系统十分普及。它不仅加强了电话询问在时间和成本方面的优势，同时也突出了方法上的优势。当利用这种方式进行调研时，系统可以根据随机数抽样得出电话号码并拨号，每一位访问员都坐在一台计算机终端或个人电脑前，当被访问者电话接通后，访问员通过一个或几个键启动机器开始提问，需要提出的问题及各选答案便立即出现在屏幕上。同时，计算机系统还会根据被调查者对前面问题的回答，自动显示与被访者个人有关的问题或直接跳过去选择其他合适的问题。

（2）网络市场间接调研。主要是利用互联网收集与企业营销相关的市场、竞争者、消费者以及宏观环境等方面的信息。例如，搜索引擎，E-mail，新闻组公告栏，访问相关网站，从其他网上媒体获取竞争的信息，从有关新闻组和BBS中获取竞争者的信息。

（3）网上调研样本的选择。可分为随机抽样：简单随机抽样、分层抽样、整群抽样、等距抽样；非随机抽样：任意抽样、判断抽样、配额抽样。

2. 虚拟店铺

虚拟店铺这种市场调研技术，是在三维计算机图形技术发展基础上出现的。通过此项技术，市场营销人员可以快速而廉价地在计算机上构建一个真实的零售商场环境。例如：在哈佛商学院的营销模拟实验室里，一位顾客正坐在电脑屏幕前购物，仿佛置身于琳琅满目的商品世界中，他只需轻轻用鼠标在货架上点一下他所感兴趣的商品，商品就立即出现在屏幕正中，并且可以随意地从数个角度对商品进行观察。当他决定购买时，只需再点一下小型手推购货车，商品就自动地从货架上进入小车，就像在真的超市中购物一样，商品被整齐地堆放在小车上。在整个购物过程中，计算机将有条不紊地记录下每一个消费者在不同类型商品上所花的时间、消费者购买的数量和购买的次序。

像这样一种计算机模拟环境，具有以往传统的市场研究方法所无法比拟的许多优点：首先，与其他传统的实验测试方式所不同的是，虚拟店铺能复制出十分逼真的顾客购物环境；其次，研究人员能非常迅速地建立和改变实验条件。一旦某商品的图像被扫描进计算机，研究人员就能在短短的几分钟内迅速地改变产品的品牌、包装、价格、促销、货架陈列方式；再次，这种方式降低了产品测试的成本，因为这仅仅与访问数量有关；最后，这种模拟有很强的弹性，它能被应用于测试一种全新的市场营销观念，也可以用以调整原有的营销规划，而且能使企业尽可能地排除传统的测试方式所存在的干扰。

第六节　网络营销工具

网络营销工具是企业或个人为实现营销目标而使用的各种网络技术、方法和手段。凡是以网络技术为基础，进行营销活动时采用的技术和手段都可以称为网络营销工具，包括基于搜索引擎的工具、邮件群发工具、网站视频在线客服工具、社会化书签工具，同时也包括时尚的微博工具等。

网络营销工具根据与企业产品的相关性，有的可以在线销售，那么营销的目的就是提高在线成交量，而对于无法在线销售的，则营销的目的就是提高曝光率、赢得潜在客户的点击，提高线下销售等。而企业品牌联播，即通过新闻的方式，从多角度多层次地为企业、产品或人物进行宣传，来吸引公众的注意与兴趣。结合互联网这一大平台，企业新闻联播呈现出传播速度快、影响面广、效果长期等众多优势。品牌联播所运营的精准企业新闻联播，能让信息从“焦点”变为“记忆点”，进而产生“卖点”，无论是短期还是长期都能为企业带来积极的效应和价值。

在现阶段的网络营销活动中，常用的网络营销工具包括企业网站、搜索引擎、电子邮件、网络实名通用网址、即时通信、浏览器工具条等客户端专用软件、电子书、博客、RSS等。借助于这些手段，才可以实现营销信息的发布、传递、与用户之间的交互，以及为实现销售营销的有利环境。

一、电子邮件营销

电子邮件营销，是在用户事先许可的前提下，通过电子邮件的方式向目标用户传递价值信息的一种网络营销手段。E-mail营销有三个基本因素：用户许可、电子邮件传递信息、信息对用户有价值。三个因素缺少一个，都不能称为有效的E-mail营销，电子邮件营销是利用电子邮件与受众客户进行商业交流的一种直销方式，同时它也广泛应用于网络营销领域。

1. 特点

（1）范围广。随着国际互联网的迅猛发展，中国的网民规模已达5.6亿人，全球已经超过22亿人。面对如此巨大的用户群，作为现代广告宣传手段的E-mail营销正日益受到人们的重视。只要你拥有足够多的E-mail地址，就可以在很短的时间内向数千万目标用户发布广告信息，营销范围可以是中国全境乃至全球。

（2）操作简单效率高。使用专业邮件群发软件，单机可实现每天数百万封的发信速度。操作不需要懂得高深的计算机知识，不需要烦琐的制作及发送过程，发送上亿封的广告邮件一般几个工作日内便可完成。

（3）成本低廉。E-mail营销是一种低成本的营销方式，所有的费用支出就是上网费，成本比传统广告形式低很多。

（4）应用范围广。广告的内容不受限制，适合各行各业。因为广告的载体就是电子邮件，所以具有信息量大、保存期长的特点，具有长期的宣传效果，而且收藏和传阅非常简单方便。

（5）针对性强、反馈率高。电子邮件本身具有定向性，你也可以针对某一特定的人群发送特定的广告邮件，你也可以根据需要按行业或地域等进行分类，然后针对目标客户进行广告邮件群发，使宣传一步到位，这样可使行销目标明确，增强工作效率。

2. 劣势

从用户角度看邮件营销的劣势：

（1）用户一般称为“垃圾邮件”，即用户对提供的邮件内容不感兴趣。

（2）不尊重用户权力的情况下强制用户接收邮件。

（3）使用户反感邮件发送方，从而降低你的品牌美誉度，如果你想让产品或服务在用户心中留有较好印象的话，你通过垃圾邮件营销则会起到相反效果。

二、网络广告营销

网络广告营销指运用专业的广告横幅、文本链接、多媒体的方法，在互联网刊登或发布广告，通过网络传递到互联网用户的一种高科技广告运作方式。网络广告是主要的网络营销方法之一，在网络营销方法体系中具有举足轻重的地位，事实上多种网络营销方法也都可以理解为网络广告的具体表现形式，并不仅仅限于放置在网页上的各种规格的BANNER广告，如电子邮件广告、搜索引擎关键词广告、搜索固定排名等都可以理解为网络广告的表现形式。无论以什么形式出现，网络广告所具有的本质特征是相同的，都是向互联网用户传递营销信息的一种手段，是对用户注意力资源的合理利用。

1. 特点

相对于传统广告形式，网络广告呈现出一些自身的特点，了解这些特点，是把握网络广告营销策略实质的基础。关于网络广告的特点，许多相关书籍和文章都罗列了一些表面的现象，如交互性、广泛性、针对性、表现形式多样性、易统计性等。冯英健提出了网络广告所具有的四个本质特征：网络广告需要依附于有价值的信息和服务载体；网络广告的核心思想在于引起用户关注和点击；网络广告具有强制性和用户主导性的双重属性；网络广告应体现出用户、广告客户和网络媒体三者之间的互动关系。

（1）网络广告需要依附于有价值的信息和服务载体。用户是为了获取对自己有价值的信息来浏览网页、阅读电子邮件，或者使用其他有价值的网络服务如搜索引擎、即时信息等，网络广告是与这些有价值的信息和服务相依赖才能存在的，离开了这些对用户有价值的载体，网络广告便无法实现网络营销的目的。因此在谈论网络广告的定向投放等特点时应该正确认识这个因果关系，即并非网络广告本身具有目标针对性，而是用户获取信息的行为特点要求网络广告具有针对性，否则网络广告便失去了存在的价值。网络广告这一基本特征表明，网络广告的效果并不是单纯取决于网络广告自身，还与其所存在的环境和依附的载体有密切关系，这也说明了为什么有些形式的网络广告可以获得较高的点击率，如搜索引擎关键词广告和电子邮件广告等，而网页上的一般BANNER和BUTTON广告点击率却在持续下降的事实。

（2）网络广告的核心思想在于引起用户关注和点击。由于网络广告承载信息有限的缺点，因此难以承担直接销售产品的职责，网络广告的直接效果主要表现在浏览和点击，因此网络广告策略的核心思想在于引起用户关注和点击。这与搜索引擎营销传递的信息只发挥向导作用是类似的，即网络广告本身所传递的信息不是营销信息的全部，而是为吸引用户关注而专门创造并放置于容易被发现之处的信息导引。这些可以测量的指标与最终的收益之间有相关关系，但并不是一一对应的关系，浏览网络广告者并不一定点击，浏览者也可以在一定程度上形成转化。这也为网络广告效果的准确测量带来了难度，而且某些网络广告形式如纯文本的电子邮件广告等本身也难以准确测量其效果。网络广告这个特征也决定了其效果在品牌推广和产品推广方面更具优势，而其表现形式以新、大、奇等更能引起注意，这也说明了为了解决网络广告点击率不断下降的困境，网络广告形式不断革新的必然性。

（3）网络广告具有强制性和用户主导性的双重属性。网络广告的表现手段很丰富，是否对用户具有强制性关键取决于广告经营者而不是网络广告本身。早期的网络广告对于用户的无滋扰性也使其成为适应互联网营销环境营销手段的一个优点，但随着广告商对于用户注意力要求的扩张，网络广告逐渐发展为具有强制性和用户主导性的双重属性。虽然从理论上讲用户是否浏览和点击广告具有自主性，但越来越多的广告商采用强制性的手段迫使用户不得不浏览和点击，如弹出广告、全屏广告、插播式广告、漂浮广告等。虽然这些广告引起用户的强烈不满，但从客观效果上达到了增加浏览和点击的目的，因此为许多单纯追求短期可监测效果的广告客户所青睐。这也使得网络广告与传统广告一样具有强制性，而且表现手段越来越多，强制性越来越严重。目前对于网络广告所存在的强制性并没有形成统一的行业规范，更没有普遍约束性的法律法规，因此这种矛盾仍将继续存在下去。

（4）网络广告应体现出用户、广告客户和网络媒体三者之间的互动关系。网络广告具有交互性，因此有时也称为交互式广告，在谈论网络广告的交互性时，通常是从用户对于网络广告的行为来考虑，如一些媒体广告中用户可以根据广告中设定的一些情景做出选择，在即时信息广告中甚至可以实时地和工作人员进行交谈，这种交互其实并没有反映网络广告交互的完整含义，何况，事实上这种交互性也很少得到有效的体现，大部分的网络广告只是被动地等待用户的点击。网络广告交互性的真正意义在于体现了用户、广告客户和网络媒体三者之间的互动关系，就是说，网络媒体提供高效的网络广告环境和资源，广告客户则可以自主地进行广告投放、更换、效果监测和管理，而用户可以根据自己的需要选择自己感兴趣的广告信息及其表现形式。也只有建立了三者之间良好的互动关系，才能实现网络广告最和谐的环境，才可以让网络广告真正成为大多数企业都可以采用的营销策略，网络广告的价值也才能最大限度地发挥出来。这种互动关系具有一定的理想特征，但离现实并不遥远，目前在搜索引擎营销中常用的关键词广告、竞价排名等形式中已经初步显示了其价值。

2. 营销价值

网络广告的网络营销价值可以归纳为六个方面：品牌推广、网站推广、销售促进、在线调研、顾客关系、信息发布。

（1）品牌推广。网络广告最主要的效果之一就表现在对企业品牌价值的提升，这也说明了为什么用户浏览而没有点击网络广告同样会在一定时期内产生效果。在所有的网络营销方法中，网络广告的品牌推广价值最为显著。同时，网络广告丰富的表现手段也为更好地展示产品信息和企业形象提供了必要条件。

（2）网站推广。网站推广是网络营销的主要职能，获得尽可能多的有效访问量也是网络营销取得成效的基础，网络广告对于网站推广的作用非常明显，通常出现在网络广告中的“点击这里”按钮就是对网站推广最好的支持。网络广告（如网页上的各种BANNER广告、文字广告等）通常会链接到相关的产品页面或网站首页，用户对于网络广告的每次点击，都意味着为网站带来了访问量的增加。因此，常见的网络广告形式对于网站推广都具有明显的效果，尤其是关键词广告、BANNER广告、电子邮件广告等。

（3）销售促进。用户由于受到各种形式的网络广告吸引而获取产品信息，已成为影响用户购买行为的因素之一，尤其当网络广告与企业网站、网上商店等网络营销手段相结合时，这种产品促销活动的效果更为显著。网络广告对于销售的促进作用不仅表现在直接的在线销售，也表现在通过互联网获取产品信息后对网下销售的促进。

（4）在线调研。网络广告对于在线调研的价值可以表现在多个方面，如对消费者行为的研究、对于在线调查问卷的推广、对于各种网络广告形式和广告效果的测试、用户对于新产品的看法等。通过专业服务商的邮件列表开展在线调查，可以迅速获得特定用户群体的反馈信息，大大提高了市场调查的效率。

（5）顾客关系。网络广告所具有的对用户行为的跟踪分析功能，为深入了解用户的需求和购买特点提供了必要的信息，这种信息不仅成为网上调研内容的组成部分，也为建立和改善顾客关系提供了必要条件。网络广告对顾客关系的改善也促进了品牌忠诚度的提高。

（6）信息发布。网络广告是向用户传递信息的一种手段，因此可以理解为信息发布的一种方式，通过网络广告投放，不仅可以将信息发布在自己的网站上，也可以发布在用户数量更多、用户定位程度更高的网站，或者直接通过电子邮件发送给目标用户，从而获得更多用户的注意，大大增强了网络营销的信息发布功能。

第三章　农产品网络营销

【案例导入】

农夫茶牵手腾讯，构筑浪漫空间

有网友这样留言："像一股清新的风，QQ空间借助爱情的名义，让每一个到过这里的人都记住了农夫茶，如同难以忘记的初恋。"

这是国内饮料工业的巨头之一、养生堂旗下的农夫山泉公司推出新品农夫茶的系列活动成效之一。农夫茶牵手腾讯，以一种新型的用户沟通方式进行营销，通过互联网中一系列"QQ品牌空间"活动，短短两个月内品牌空间浏览量达到3 200万次，使农夫茶在消费群体中广为传播。

这些参与者又带动了上千万农夫茶品牌受众，这无疑成就了一次极具"连锁效应"的品牌传播。

在此次活动中，小到"农夫茶挂件""爱情精灵树苗"，大到"农夫茶梦幻爱情城堡"，显示了品牌营销策划的精深功力，精彩诠释了农夫茶的独特魅力，每个QQ空间用户在这个虚拟的爱情国度里都可以有一株自己的爱情树苗，浇灌这株"爱情精灵树苗"需购买茶饮料，用饮料包装上的条形码兑换积分，或通过Flash游戏和朋友浇水等方式，获得爱情积分。随着爱情积分的增多，这棵"爱情精灵树苗"就会逐渐成长、开花、结果，生成"爱情精灵"。最后这个"爱情精灵"将会带您进入甜蜜王国——梦幻爱情城堡。本次活动有超过21万次的积分兑换行为，甚至有用户在自己的空间中自爆购买50箱农夫茶的"事迹"。

农夫茶在短时间、小投入的情况下，完成了这样一次将品牌、产品同浪漫爱情紧密关联，活动页面浏览人次过9 000万次，参与游戏活动超800万人次的终极营销任务。农夫茶与腾讯的两相结合真是天衣无缝、相得益彰。

第一节　产品策略

包装具有保护、美化和增值的功能。在电子商务交易中，一般的农产品都离不开包装的保护和美化，因此，要选择合适、合理的包装策略。

一、农产品包装的分类

包装分类是进行包装分析和包装设计的前提性工作，包装分类可按不同的标识进行区分，选择不同的标识将得到不同的包装分类方案。

1. 按包装在流通过程中的作用分类

包装可分为运输包装和销售包装。运输包装又称大包装，食品运输包装大多为纸箱、木箱、金属桶、托盘、集装箱等。销售包装又称小包装或商业包装，与运输包装相比，销售包装更注重包装的促销和增值功能，通过不同的装潢设计吸引消费者。销售包装常用的方式为瓶、罐、盒、袋及其组合包装。

2. 按包装结构分类

包装可分为贴体包装、热收缩包装、携带包装、托盘包装、组合包装等。

（1）贴体包装是将产品封装在用塑料片制成的，与产品形状相似的型材和盖材之间的一种包装形式。

（2）热收缩包装是将产品装入用热收缩薄膜制成的袋中，通过加热使薄膜收缩而完全包贴住产品的一种包装方式。

（3）携带包装是在包装物上制有提手或类似装置，便于携带的包装形式。

（4）托盘包装是将产品或包装件堆码在托盘上，通过扎捆、裹包或黏结等方法固定而形成一定形状的包装形式。

（5）组合包装是将同类或不同类商品组合在一起、形成一个搬运或销售单元的包装形式。此外，还有悬挂式包装、可折叠式包装、喷雾式包装等。

二、农产品包装的原则

包装工作的综合性要求，使得包装质量的评价具有复杂性，由于评价的角度不同，评价的标准具有很大的差异。因此，了解包装质量标准体系是做好包装工作的重要内容，没有标准就无规范可言，然而包装标准并非唯一的，在此仅从原则上予以界定。

1. 保护性原则

食品的易腐易变性，使包装能否在设定的食品保质期内保全食品质量，成为评价包装质量的关键。

2. 安全卫生原则

包装食品的卫生与安全直接关系到消费者的健康，是食品销售的基本前提，包装能否保护食品的卫生与安全是包装质量高低的重要衡量标准。

3. 方便适销原则

包装应具有良好的方便性和促销功能，体现商品的价值和吸引力。不利于消费者使用，不利于方便促销，就不是好包装。

4. 加工适应性原则

包装材料应易于加工成型，包装操作应简单易行，包装工艺应与食品生产工艺相配套。

5. 经济原则

包装成本是包装材料成本、包装操作成本与包装相关的投入之和。良好的包装应该是技术上可行，经济上合理，过高的包装成本造成的过度包装，其实质是浪费，应合理投入、适度包装。

三、农产品包装的策略

科学合理的包装设计必须在一定的包装策略框架下按一定程序进行。选择不同的包装策略将得到不同的包装效果。

1. 突出农产品形象的包装策略

突出农产品形象，是指在农产品包装上通过多种表现方式突出该产品是什么、有什么功能、内部成分如何、结构如何等形象要素的表现方式。这一策略着重于展示农产品的直观形象。

随着购买过程中自主选择空间的不断增大，新产品不断涌现，厂商很难将所有产品的全部信息都详细地向消费者介绍，这种包装策略通过在包装上再现产品品质、功用、色彩、美感等，有助于商品充分地传达自身信息，给选购者直观印象，真实可信，以农产品本身的魅力吸引消费者，缩短选择的过程。

2. 突出食品用途和使用方法的包装策略

突出农产品用途和用法的策略是通过包装的文字、图形及其组合告诉消费者，该农产品是什么样的产品，有什么特别之处，在哪种场合使用，如何使用最佳，使用后的效果是什么，这种包装策略主要运用于日常生活中较为少见的消费品或新概念食品及休闲食品，如方便食品、药品和保健营养品等。

3. 展示企业整体形象的包装策略

企业形象对产品营销具有四两拨千斤的作用，因此，很多企业从产品经营之初就注重企业形象的展示与美誉度的积淀。在产品包装方面，在注重农产品质量的同时，更注重企业形象的宣传扩展。因此，展示企业整体形象的包装策略常常是整体规划中的一个局部策略。

4. 突出农产品特殊要素的包装策略

任何一种商品化的农产品都有一定的特殊背景，如历史、地理背景、人文习俗背景、神话传说或自然景观背景等，包装设计中恰如其分地运用这些特殊要素，能有效地区别同类产品，同时使消费者将农产品与背景进行有效链接，迅速建立概念。农产品包装中如茶、酒、烟、糖、醋、油等常以突出特殊要素为策略，借以增强特色，立足于市场。

四、农产品包装的策略形式

农产品包装的主要策略形式如下：

1. 类似包装策略

企业对其生产的产品采用相同的图案、近似的色彩、相同的包装材料和相同的造型进行包装，便于顾客识别出本企业产品。对于忠实于本企业的顾客，类似包装无疑具有促销的作用，企业还可因此而节省包装的设计、制作费用。但类似包装策略只能适宜于质量相同的产品，对于品种差异大、质量水平悬殊的产品则不宜采用。

2. 再使用包装策略

指包装内的产品使用完后，包装物还有其他的用途。如精美的食品盒可被再利用。这种包装策略可使消费者感到一物多用而引起其购买欲望，而且包装物的重复使用也起到了对产品的广告宣传作用。但要谨慎使用该策略，避免因成本加大引起商品价格过高而影响产品的销售。

3. 附赠包装策略

积攒商品包装物附赠奖券或实物，或包装本身可以换取礼品，吸引顾客的惠顾效应，导致重复购买。

4. 分量式包装策略

即对一些称重产品，根据消费者在不同时间、地点购买和购买量不同采用重量、大小不同的包装，也有一些价格较贵的产品，实行小包装给消费者以便利感，还有一些新产品，为让消费者试用而采用小包装，其目的在于给消费者以便利感、便宜感、安全感。

5. 等级式包装策略

由于消费者的经济收入、消费习惯、文化程度、审美眼光、年龄等存在差异，对包装的需求心理也有所不同。一般来说，高收入者、文化程度较高的消费层，比较注重包装设计的制作审美、品味和个性化；而低收入消费层则更偏好经济实惠、简洁便利的包装设计。因此，企业将同一商品针对不同层次的消费者的需求特点制定不同等级的包装策略，以此来争取不同层次的消费群体。

6. 礼品式包装策略

指包装华丽，富有欢乐色彩，常冠以“福”“禄”“寿”“喜”“如意”等字样及问候语，其目的在于增添节日气氛和欢乐，满足人们交往、礼仪之需要，借物寓情，以情达意。

第二节 定价策略

一、常用定价方法

定价方法是农产品生产经营者在特定的定价目标指导下，对农产品价格进行计算的具体方法。根据价格与成本、价格与需求的关系，以及竞争者对价格决策影响的分析，营销者所定的价格既不能低得无法盈利，又不能高得没有需求，而是要介于其间。一般定价时需考虑这些因素：产品成本是定价的下限；竞争者的价格和代用品的价格是定价的定向点；消费者对产品独特性的评判是定价的上限。定价方法主要包括成本导向定价、需求导向定价和竞争导向定价。

1. 成本导向定价

成本是农产品在生产经营过程中所发生的耗费，是定价的下限，客观上要求通过产品的销售得到补偿。以成本为依据，加上预期利润来确定价格的这种成本导向定价法是营销者最常用、最基本的定价方法。成本导向定价法包括以下几点：

（1）目标利润定价法。这种定价方法是把所有为生产某种产品而发生的耗费均计入成本，计算出单位产品的变动成本，合理分摊相应的固定成本，再按一定的预期利润率来决定价格。计算公式如下：

单位产品价格=（总固定成本+总变动成本）/产品数量+单位产品预期利润

（2）成本加成定价法。这种定价法是在成本之上加一个以成本百分率计算的加成来制定价格，适用于那些只经营一种或少数几种产品的定价。

（3）经验曲线定价法。这种定价法以经验效应为依据制定。经验效应理论认为，许多产品，每当其生产和销售增加一倍时，单位成本便会降低10%～30%。由于价格经常随着经验曲线成本的下降而下降，价格迅速下降是完全可能的。

2. 需求导向定价

需求导向定价是根据消费者对产品价格的感受和需求强度来确定产品的价格，不是根据产品的成本来定价。其核心是消费者对产品认知价值，即寻求消费者在观念上认同的价值。确定认知价值的方法是通过与同类产品功能的比较来确定，或在成本价格上附加产品使用期结束后的收入来确定。按认知价格定价的前提条件是农产品生产经营者能准确估计购买者的价值，以及能采取措施提高购买者对产品价值的认可程度。采用这种方法的关键是正确地估计消费者的认知价值，如果估计过高，就会导致定价过高，影响产品的销售；如果估计过低，就会导致定价过低，减少了应有的收益。

例如，在一些超市货架上摆放着某公司生产的武昌鱼成品，开包即食，每袋装一条鱼，重约400克，但标价达11.90元，据超市营业员介绍，这种鱼自进到店里以来，摆在货架上已有一月余，但没有售出几袋，因为这种鱼在市场上的鲜活价格每千克仅6～7元。很显然，生产加工这种鱼的公司过高地估计了消费者的认知价值。又如，市面上出售的金华地区生产的火腿，拆零包装每袋均600克，但标价高达24. 80元，购者稀少。按照需求导向定价原理，可采取以下几种方法：

（1）市场撇脂定价法。这种方法是当新产品投入市场时，将其价格尽可能定得高一些，利用新产品的特点和无竞争对手的有利条件，尽可能在短期内赚取更多的利润，尽快收回投资。以后，随着产量和销量的增加和成本的降低，再逐步降低价格。这种定价方法如同从牛奶中撇取奶油一样，利用顾客对新产品价格意识不太强烈，愿意花高价购买这些新产品的消费心理，从中获取高额回报。市场撇脂定价法是一种追求短期利润最大化的营销策略，可在短时期内获取高额利润，迅速补偿研究开发费用，并掌握调价的主动权。但这种方法不是在任何情况下都可运用，一般需具备三个条件：一是产品的质量与高的定价相符；二是有足够多的顾客能接受这种高价并愿意购买；三是短期内不会出现竞争者。20世纪80—90年代，湖北仙桃市某养殖场利用某水产研究所技术，实行人工养殖甲鱼（鳖）获得成功。每500克重的甲鱼，在人工养殖条件下，仅需350天。当时售价接近野生甲鱼，每千克高达300～400元。该养殖场当年就收回全部投资，第二年获利170万元，第三年获利260万元。

（2）市场渗透定价法。这种方法与市场撇脂定价法正好相反，是将投入市场的新产品的价格定得尽量低，使新产品迅速被消费者接受，以迅速打开和扩大市场，在价格上取得竞争优势。其优点是利用雄厚资金，大批量投产，单位成本较低，产品需求弹性大的特点，通过薄利多销占领市场，打开销路，与对手竞争。其缺点是利润微薄，需较长时间才能收回投资，并且容易在消费者心目中造成低档产品的印象。采用这种定价法需具备两个条件：一是产品需求的价格弹性大（即产品价格的波动会较大幅度地影响产品销量），目标市场对价格敏感；二是生产和分销成本会随着产品和销量的扩大而不断降低。

3. 竞争导向定价

竞争导向定价就是依据竞争者的价格来定价，视其产品质量和需求情况，或与主要竞争者价格相同，或高于、低于竞争者的价格。其特点是只考虑竞争者价格的高低，而不考虑产品成本和需求的变化，使产品价格保持在一个与竞争者价格相应的水平上。这种方法主要有两种定价方式。

（1）随行就市定价。随行就市定价又称通行价格定价，即按照目标市场上的市场价格水平来定价。在竞争激烈的市场上，销售某些同类产品的公司在定价时，实际上没有多少选择的余地，只能按照行业的现行价格定价。如粮、棉、油等初级产品，在质量、交货期等非价格因素相关不大的情况下，如果把价格定得高于市场价，产品就难以销售出去；如果把价格定得低于市价，又会招致竞相削价，不仅伤害了同行，而且也伤害了自己。

（2）差别定价法。与随行就市定价法相反，产品差别定价是通过不同的营销策略，使同种同质的产品在消费者心目中树立起不同的产品形象，进而根据自身特点，选取低于或高于竞争者的价格作为自己产品的价格。这种方法的运用首先要求营销者具备一定的实力，在某一行业或某一区域市场占有较大的市场份额，消费者能够将其产品质量、功效与自身的实力联系起来。其次，在质量大体相同的情况下，实行差别定价是不现实的，尤其是对于定位为“质优价高”形象的农产品生产经营者来说，需要支付高昂的广告和包装等费用。因此，从长远来看，只有通过提高产品质量，才能真正赢得消费者的信任，使之成为本产品的忠实消费者。

二、其他定价策略

农产品生产经营者为其产品定出基本价格后，在营销过程中还需要根据市场的供求状况、交易条件、竞争对手情况等因素的变化，及时调整自己产品的价格，以掌握营销的主动权。

1. 价格折扣与折让

为了刺激或报答顾客的某些行为，如预先付款、批量购买、淡季购买等，营销者通常要对基本价格作适当的调整，实行折扣与折让价格，即让利给顾客。常见的折扣与折让方式如下：

（1）现金折扣。这种方式是对那些及时付清账款的购买者的一种价格折扣。这样的折扣在许多行业已成惯例，有助于改善销售商品的现金周转和减少赊欠和坏账损失。

（2）数量折扣。这种方式是销售商因买方购买量大而给予的一种折扣。例如，购买10千克以内的苹果，每千克价格为4元；购买10千克以上，则每千克3.6元。同样，数量折扣也必须是给全部的顾客，但是折扣额不能超过销售者大量销售所节省的成本，这些节省包括销售、储存和运输降低的费用。数量折扣的好处是可激励顾客从某一特定的销售者那里购买更多的产品。

（3）季节折扣。这种方式是对在淡季购买产品的顾客降低价格，以维持均衡生产经营。

（4）功能折扣。功能折扣又称贸易折扣。这种方式是产品生产者和加工商向中间商提供的折扣。根据中间商的不同类型和不同的分销渠道所提供的不同服务，给予不同的折扣。但是，生产、加工商必须在每一交易渠道中提供相同的功能折扣。

（5）折让。这种方式是根据价目表给顾客的价格折扣的另一种形式。在农产品营销中，促销折让较为普遍，这是卖方为了报答经销商参与广告和支持销售活动所支付的款项或给予的价格折让。如在水果的营销中，卖方常给经销商一定的折让，以答谢这些经销商销售本公司水果所付出的劳动。

2. 差别定价

差别定价是根据交易对象、交易时间、交易地点等的不同，对某一种产品制定出两种或两种以上不同的价格，以满足各种顾客的不同需要，从而达到扩大销售、增加收益的目的。这样做，即使价格上有差别，但成本也许相同。差别定价法的形式主要有以下几种：

（1）顾客细分定价。这种方式是对同样的产品或服务，对不同的顾客采取不同的价格。如农业生态游，对本地居民和外地旅游者实行不同的门票价格；即使是本地旅游者，也有政府部门与非政府部门之分。这主要是因为政府部门经常会将所接待的客人带至生态旅游区，客源稳定、充足。

（2）产品种类定价。这种定价方式是在产品质量和成本相同而花色或样式不同的情况下，对不同种类（花色或样式）的产品制定不同的价格，既能满足顾客的多样化需求，又能获得较高的经济效益。

（3）部位定价。这种定价方式是对产品的不同部分制定出不同的价格，即使这些部位成本是一样的。通常是根据消费者的喜好来定，消费者比较喜好的部位，定价就高；不太喜欢的部位，定价就低些。如一只鸡的翅膀、大腿、鸡胸、鸡头、鸡爪、鸡脖子，不同的部位其价格也不同。

（4）时间定价。在这种定价方式下，不同季节、不同日期甚至在同一天的不同时间，同种产品可以有不同的价格。在鲜活农产品销售中，经常采用这种定价方式。

3. 促销定价

从人们的消费行为来看，贪图便宜是许多消费者的一种潜在心理状态，俗话称“一个便宜，三个爱”就是这种心理的最好写照。营销者抓住了这种心理，常常将要出售的产品以低价招徕顾客。通常利用节假日和换季时节进行所谓的“大甩卖”“优惠酬宾大减价”和“买一送一”活动，把部分产品按原价打折售出，以促进销售。促销定价常采用以下方法：

（1）“牺牲品”定价。超级市场和粮油副食商店以少数品种作为“牺牲品”，将其价格定低，以吸引顾客进店，并希望这些顾客在购买“牺牲品”的同时，也购买其他正常标价的商品。

（2）特别事件定价。销售者在某些特定的时间、场合、节日或社会活动日，将某些商品价格作较大幅度削降，以吸引大量的顾客。如在端午节，一些超市就将粽子降价销售。

（3）心理定价。心理定价策略，就是企业在制定价格时，运用心理学的原理，根据不同类型消费者的购买心理来制定价格。如：尾数定价，对产品的定价不取整数，保留或有意制造尾数，这是因为保留尾数可以降低一位数价格，给人一种“便宜”的心理感觉。譬如500克猪肉的价格定为9.9元，而不是10元。对名牌农产品，可利用其在消费者心目中的声望，制定较高的价格，以满足消费者特殊的消费心理需求。对许多日用品，如大米、食用油，由于消费者经常购买，在一段时期内形成了一种习惯价格。销售这类商品宜按照习惯定价，不能频繁而又大幅度地变动价格，否则，会引起消费者的不满。

4. 地理定价

地理定价是指农产品生产经营者在产品的销售中，根据不同地区的特点，制定不同的价格。一般来说，产品在本地销售，成本要低些，在异地销售，要多出运输、装卸、仓储、保鲜、保险等费用以及变质损失。这时，就需要具体考虑：是否应向异地顾客收取高价，以收回较高的成本和潜在损失，从而冒失去这一地区市场的风险；是否无论地区远近，对同一产品规定同样的价格销售。

第三节　渠道策略

农产品营销渠道是指农产品从生产领域向消费领域转移过程中，由具有交易职能的商业中间人连接的通道。在多数情况下，这种转移活动需要经过包括各种批发商、零售商、商业服务机构（交易所、经纪人）在内的中间环节。在这一过程中，营销渠道包括实体、所有权、付款、信息和促销五个方面。

一、影响农产品营销渠道选择的因素

农产品营销渠道的选择，是一个既复杂又有策略性的问题。其复杂性表现在营销渠道模式不是长期处于稳定状态，而是经常随着产销状况和供求关系的变化而有所变动。同时，由于种种原因，生产者和经营者对选择的渠道也不能完全加以控制。其策略性表现在影响农产品营销渠道的因素很多，只有对各种因素进行仔细分析，综合研究与判断，才能做出适当的决策。生产者和经营者在选择农产品营销策略时，要考虑以下几个因素：

1. 产品因素

（1）产品的单位价格。一般来说，农产品单价越低，营销渠道应越长；反之，农产品单价高，营销渠道应短些。

（2）产品的体积与重量。体积过大或过重的农产品，应选择较短的分销路线，最好采用直接营销渠道；体积小而轻的农产品，一般数量较多，有必要设置中介环节。

（3）产品的自然属性。大多数农产品都是鲜活商品，具有易腐、易损、易死亡等特点。对于这些农产品，营销渠道应该尽可能短些、宽些，以减少这些鲜活农产品在流通过程中的损失。

（4）产品的季节性。季节性强的农产品，应充分发挥中间商的作用，以便更好地推销。大多数农产品具有生产上的季节性。对于这些农产品，由于一般要在上市旺季多储存，以备淡季之需，其营销渠道应长些，以解决农产品的季节性生产和常年性消费之间的矛盾。

（5）产品数量。可以提供的农产品数量越多，就越需要通过中间商销售；反之，数量少，生产者或经营者有能力自己销售或只需选择较少的中间商销售，其营销渠道可以短些、窄些。

2. 市场因素

（1）目标市场的选定。这是选择目标市场时需要注意的重要因素。如果目标市场比较近，生产者或经营者可选择直接销售或较短渠道。例如，城市郊区附近的蔬菜基地可以不经批发环节直接将农产品出售给菜市场零售。如果目标市场比较远，由于要经过长途运输（有的还需要中途转运），甚至还要经过储存，营销渠道应长一些。

（2）市场的地区性。购买力高的大城市，大百货商店、超级市场、连锁商店，可直接从生产企业进货，宜采取最短的销售渠道；反之，购买力低的地区和中小零售商则必须通过批发环节。

（3）地区差价的大小。农产品的地区差异大，中间商从事贩运活动有利可图，营销渠道可长些；反之，则要短些。

3. 政策因素

政策因素是农产品生产者和经营者选择营销渠道时必须注意的最重要的问题。国家政策的变化决定着农产品营销渠道的取舍和变更。农产品生产者和经营者面临着一个新课题，就是如何在国家政策允许的范围内选择合适的营销渠道，才能省工、省时，节约流通费用，取得最佳的经济效益。

二、农产品营销渠道的选择策略

农业企业分销渠道的选择，不仅要求保证产品及时到达目标市场，而且要求选择的分销渠道销售效率高，销售费用少，能取得最佳的经济效益。因此，农业企业在进行分销渠道选择前，必须综合分析企业的战略目标、营销组合策略，以及其他影响分销渠道选择的因素，然后再做出某些相关决策，如是否采用中间商，分销渠道的长短、宽窄，具体渠道成员等。

1. 直接销售与间接销售的选择策略

这个问题实质上就是可否采用中间商的决策。企业在选择时，必须对产品、市场、企业营销能力、控制渠道的要求、财务状况等方面进行综合分析。虽然中间商的介入对农业生产者及消费者带来很大的好处，但没有中间商介入的销售即直接销售也具有很多优点，如销售及时、节约费用、加强推销、提供服务、控制价格、了解市场等。另外，直接销售使产品的整个销售职能完全落在农业生产者的身上，完成这些职能的费用也完全自己负担。事实上，生产量大、销售面广、顾客分散的产品（如啤酒、香烟等），任何企业都没有能力将产品送到每一个消费者手中，即使能送到也是不经济的，因此这些企业只能选择间接销售渠道。一般来说，大宗原材料用户购买量很大，购买次数少、用户数量有限宜采用直接销售。生产资料产品技术复杂，价格高，用户对产品规格、配套、技术性能有严格要求，需要安装和维修服务，交易谈判时间较长，也宜采用直接销售。生活用品中的一些容易变质的产品和时尚产品，以及价格昂贵的高档消费品，也可采用直接销售。而大多数生活资料以及一部分使用面广、购买量小的生产资料，宜采用间接销售。另外，在进行此类选择时，营销能力、财务、控制渠道的要求也必须考虑在内。例如，有的企业产品从产品与市场分析，应该采用直接销售，然而，因为销售力量太弱，或因财务困难，也不得不选择间接销售渠道。

2. 分销渠道长短的选择策略

所谓分销渠道长短，是指产品从生产者到最终用户所经历的中间环节的多少。当企业决定采用间接分销时，就要考虑渠道层次的多少。分销渠道越短，生产者承担的任务就越多，信息传递越快，销售越及时，就越能有效地控制渠道。越长的分销渠道，中间商承担的任务就越少，信息传递就越慢，流通时间就越长，生产者对渠道的控制就越弱。生产者在选择时，应综合考虑生产者的特点、产品的特点、中间商的特点以及竞争者的特点加以确定。

3. 分销渠道宽窄的选择策略

分销渠道的宽窄是指分销渠道中的不同层次使用中间商数目的多少。主要有3种可供选择的策略。

（1）广泛分销策略。广泛分销策略也称密集分销策略，是指生产者利用很多的中间商经销自己的产品。其特点是充分利用场地，占领尽可能多的市场供应点，以使产品有更多展示、销售的机会。这类产品的消费者在购买使用时注重的是迅速、方便，而不太重视产品品牌、商标等。这种策略的优点是产品与顾客接触机会多，广告的效果好，但生产者很难控制这类渠道，与中间商的关系也比较松散。一般来讲，生产者要负担较高的促销费用，设法鼓励和刺激中间商积极推销生产者的产品。

（2）选择性分销策略。选择性分销策略是指生产者从愿意合作的中间商中选择一些条件较好的中间商去销售自己的产品。其特点是生产者在某一市场上选用少数几个有支付能力、销售经验、产品知识及推销知识，信誉较好的中间商推销产品。它适用于顾客需要在价格、质量、花色、味道等方面精心比较和挑选后才能决定购买的产品。这种策略的优点是减少了生产者与中间商的接触，每个中间商可获得较大的销售量，有利于双方合作，提高渠道的运转效率，而且还有利于保护产品在用户中的声誉，便于生产者对渠道的控制。

（3）独家分销策略。独家分销策略指生产者在一定的市场区域内仅选用一家经验丰富、信誉卓著的中间商销售生产者的产品。在这种情况下，双方一般都签订合同，规定双方的销售权限、利润分配比例、销售费用和广告宣传费用的分担比例等；生产者在特定的区域内不能再找其他中间商经销其商品，也不准许所选定的中间商经销其他生产者的同类竞争性产品。这种策略主要适用于顾客挑选水平很高、十分重视品牌商标的特殊产品，以及需要现场操作表演和介绍使用方法的产品。

独家分销策略的优点：易于控制市场的产品价格，可以提高中间商的积极性和销售效率，更好地服务市场；有利于产销双方相互支持和合作。缺点：在该市场区域内，生产者过于依赖该中间商，容易受其支配；在一个地区选择一个理想的中间商并不容易，如果选择不当或客观条件发生变化，可能会完全失去市场；一个特定地区只有一家中间商，可能因为推销力量不足而失去许多潜在顾客。

第四节　促销策略

农产品促销是指农业生产经营者运用各种方式方法，传递产品信息，帮助与说服顾客购买本企业或本产地的产品，或使顾客对该品牌产品产生好感和信任，以激发消费者的购买欲望，促进消费者的消费行为，从而有利于扩大农产品的销售等一系列活动。

一、农产品促销的特点

与工业品的促销活动相比，农产品的促销活动在许多方面都有其特点。

1. 农产品促销活动的实施

农产品促销活动中，主要由规模较大的专业户、龙头企业或政府牵头实施，规模较小而且分散的农户由于受到资金、利润、收益的限制往往不能也不愿举办产品促销活动，而一般只参与和自己利益相关的、规模较小的营业推广活动。

2. 农产品促销具有产地化、差异化、个性化特征

产地化是指促销活动传递的信息是某个特定产地的产品信息，促销活动激发顾客对该产地产品的购买行为。一方面某一产地的特色产品体现了该产地的品牌作用；另一方面产地的大气、水源、土壤环境质量等是影响产品卫生、安全、质量的主要因素。

差异化是指农产品的促销应该更多地传递本产品“与众不同”的信息，满足顾客多样化的需求。由于农产品的需求弹性较小，不宜采取大幅降低价格的手段进行促销，价格对顾客购买行为的刺激作用并不强。因此，农产品促销应该向顾客传递产品的差异之处，依靠产品的差异化（比如绿色、安全、营养特性等）影响顾客的购买行为。

个性化是指促销活动传递的信息应该强调产品的个性特征，如地方特色产品的促销。随着人民生活水平的提高，特别是消费观念的变化，人们对多年不变的

"大路货"农产品兴趣趋淡，而对供不应求的新、鲜、奇、特、精、优的农产品兴趣盎然，使这些农产品逐渐成为消费热门和新时尚。为了解决大宗农产品过剩与消费者需求不足的矛盾，必须把准市场脉搏，紧跟市场竞争形势，大力发展热点、时尚的农产品，并通过促销活动传递这些产品信息，最大限度地刺激和满足人们的需求与欲望，才能使这些农产品雄踞一方，畅销不衰。

3. 农产品促销形式异常丰富

由于农业经营者在农产品生产过程中往往获得多种主产品及副产品，如果将产品进行最初级的加工，便能形成更多的纵向产品，对各种产品进行组合，就形成多种多样的赠送、推广促销形式。农产品促销手段的独特性体现在许多方面，如由于农产品需求价格弹性较小，所以降价促销一般效用不大；由于人们对卫生、安全食品需求较大，因此对绿色产品信息进行传递往往效用较大；近年来，由于人们生活节奏加快，因此"送货上门""净菜"等新的促销技巧较受消费者的欢迎。

二、农产品促销的类型

从促销形式上看，可以将农产品促销分为广告促销、人员推销、关系营销、营业推广四种形式。

1. 广告促销

广告促销就是通过媒体向用户和消费者传递有关商品和劳务信息，达到促进销售目的的一种促销手段。我国许多农产品的营销者仍然遵循着旧观念，固守市场，导致市场范围越来越小，竞争力越来越弱，占有率越来越低。随着市场营销环境的变化，广告已成为促销的主角，肩负着创名牌和增效益两大特殊使命。但纵观国内各类广告媒体，除在地方媒体上出现寥寥无几的农产品广告外，全国性媒体上还很少有农产品广告。极小的广告范围，是很难使中国的农产品走向国内外市场的。因此，应结合农产品个性特征挖掘其独有魅力，做好广告宣传。根据媒体不同，可以将广告分为以下主要形式：

（1）报纸广告。报纸是古老的媒体形式，随着电脑排版和彩色印刷等技术方面的革新，仍然发挥着重要作用。报纸广告具有成本低、面向广等优点，缺点是阅读者并不注意广告内容，因此农产品通过报纸推广应该尽量采取新闻附带产品信息的形式促销。

（2）杂志广告。杂志媒体的读者相对集中，近年来各个地方的农村经济社会杂志发展也较快，广告处于上升阶段，有着很大的发展潜力。由于农村经济或相关商业信息杂志的阅读群主要是一些组织用户，而不是消费者，所以杂志广告必须是针对组织用户进行促销。

（3）广播广告。广播广告以广播作为媒体，通过语言和音响效果等听觉诉求方式来传递产品或劳务信息。广播广告具有不受时间、空间限制，覆盖面广；传收同步，信息快捷；传播次数多，周期短，信息容量大；制作简便，播出灵活，费用低廉等优点。然而广播广告只作用于听觉，无法传播农产品的外观品质，而农产品的外观质量信息是刺激消费者购买欲望的一个重要因素，因此广播广告必须结合其他推广方式对农产品的外观质量进行重点传播。

（4）电视广告。这是以电视作为媒介，以视觉形象和听觉形象相结合的形式来传递产品或劳务信息的广告。电视广告从声音和图像两个方面向观众传播信息，时效性强，直观性强，宣传效果好，可以在短时期内迅速提高企业和产品的知名度。电视广告的优点是收视率高，传播面广；声像兼备，诉求力强，能够以感人的形象、优美的音乐、独特的技巧给观众留下强烈的印象；传递迅速，不受空间限制，并有娱乐性。它的劣势在于传播稍纵即逝，广告信息不易保存，对商品的性能、特点、规格等不可能作详细的说明，另外电视广告费用高，时间限制大。

（5）网络广告。网络广告即借助网络发布产品信息，进行促销活动。互联网具有全球性、互动性和实时性等优点，将农产品登录互联网，开展网络营销，可以将互联网的优点发挥得淋漓尽致，弥补传统流通模式低效的缺点。农产品生产者和销售者可以根据自己的需要发布信息，如农产品的品种、价格等信息，同时也可以通过互联网了解世界各地的市场信息和用户的需求，根据市场信息和用户的需求，进行生产和网上促销活动。

2. 人员推销

人员推销是指企业通过派出销售人员与一个或一个以上可能成为购买者的人交谈，作口头陈述，以推销商品，促进和扩大销售。人员推销有助于生产者和消费者的双向交流。农产品由于其质量信息无法从外观直接观察，所以，不应该单纯以广告或其他单向交流形式培养消费者的品牌意识和顾客的忠诚度，而是应结合双向交流的形式达到目的。

3. 关系营销

关系营销是指把营销活动看成是一个企业与消费者、供应商、分销商、竞争者、政府机构及其他公众发生互动作用的过程，其核心是建立和发展与这些公众的良好关系。由于农产品的促销活动一般由政府和当地新闻媒体一起发动，所以，依靠公共关系进行产品促销往往能够取得较好的效果。

4. 营业推广

营业推广是指除了人员推销、广告和公共关系之外的，在短期内用以刺激顾客或其他中间机构（如零售商）迅速和大量地购买某种特定产品或服务的活动。营业推广根据推广对象不同可以分为三种类型。

（1）对消费者的营业推广。此种营业推广主要有以下形式：

①赠品推广：一方面，农业生产者在农产品生产过程中可以收获多种主副产品；另一方面，消费者对农产品也有多方面的需求，实际上表现为不同产品需求的组合，所以，对产品进行组合或赠送促销是一种可行的办法。比如，甘肃一果农为了将积压在手的苹果卖出去，打起了玉米皮的主意。他发挥自己的编织特长，将玉米皮编成各式各样的水果篮，然后装上苹果拿到城里市场出售，卖苹果送果篮，他的苹果很快被抢购一空。

②快捷服务：随着人们生活节奏的加快，对农产品的需求也增加了。送货、去净等快捷服务越来越受到消费者的欢迎，具有良好的市场前景。

③免费品尝：农产品的口感质量是无法通过外观质量完全得以体现的，免费品尝的促销活动是传递产品“美味”信息的最好途径。据考察，中国台湾非常注重农产品的品牌培育和保护，新产品上市前，一般都会锁定一个目标市场，在超级市场或特定的场合召开免费品尝会，由地方政府补偿产品成本。

（2）对组织用户的营业推广。此类营业推广从推广途径上看，主要有以下两种形式：

①农产品交易会：交易会的具体形式包括农产品促销会、展销会、博览会等。农业经营者通过交易会宣传本企业的产品，展示新品种，通过营业推广结识更多的朋友，获取所需的信息，吸引消费者前来购买，有利于扩大销售。

②农产品拍卖会：农产品本身的性质是鲜活易用、不易久存等，需要快速便捷地流通以到达消费者手中。拍卖促销可以减少流通环节，降低交易费用，有效地提高交易效率和物流效率。

（3）对推销员的营业推广。近年来，农村流通中介人发展非常迅速，对推销员的营业推广将成为农产品促销的重要内容。广大农户可以对推销员实行折扣鼓励、配套优惠等促销手段。而龙头企业则可根据推销员的工作业绩，给予适当奖励，如给予一定数量奖金，或提供免费旅游，或提供培训学习机会，也可根据推销人员推销的数量或金额，给予一定比例提成等。

农产品促销组合就是把上面的四种主要促销方式进行综合运用，形成一个系统性的促销策略，以达到促进农产品销售的目的。

第五节 我国农产品网络营销未来

我国发展网络营销的环境正逐步完善，网络基础设施、运行环境、法律环境、网上支付、信息安全、认证中心建设、物流配送等条件已经初步具备。网络带宽增加，宽带用户大幅度增长，网上支付系统的运行取得实质性进展，初步形成了一个全国性的跨银行、跨地区的银行卡信息交换网络。在物流配送方面，由于拥有全国最大的传递网络的中国邮政加盟了电子商务领域，再加上一些专业配送企业的参与，完善的商品配送系统已经建立。与此同时，各行业的电子商务迅速发展，如纺织网、IT网、旅游网、房地产网等如雨后春笋般出现。在这种网络发展的大背景下，相信我国的农产品网络营销一定会越来越好。

当然，作为一个新生事物，农产品网络营销还面临着诸多困难和挑战，发展的路上还有一些需要不断解决的问题。首先，农村的信息网络基础条件仍然很薄弱，在计算机和网络设施的配备水平上，与开展网络营销的需要尚有一定差距。其次，农村的农业信息化人才和营销人才缺乏，农户的信息意识和利用信息的能力不高，对电脑、高科技通信、网络的认识和应用能力有限，尤其缺乏真正懂信息、懂科技、有开发能力的高水平人才。再次，从目前来看，农产品的标准化、规格化包装远没有跟上，农产品网络利用率不高，营销方式单一，大部分上网企业还仅仅停留在网络广告与网络宣传促销上，而且网络促销也只是将企业的厂名、品名、地址、电话挂在网上而已。最后，信用风险是人们关注的问题，网络购销双方相互信任度不高，买方怕卖方在网上搞商业欺诈，推销伪劣商品，卖方怕买方拖欠货款。据调查，网上用户认为目前网上交易存在的最大问题是产品质量、售后服务及厂商信用得不到保障，占被访问者人数的42.4%。在这种情况下，农产品开展网络营销面临较大的信用风险。网络营销在我国农产品经营中的应用才刚刚开始。新兴事物总是具有强大的生命力，有着广阔的发展前景，随着我国现代农业的发展，网络营销在我国未来的农产品营销中必然会发挥重要作用。

一、网络营销的作用

（一）创新农产品营销手段

我国网络营销虽起步较晚，但网络普及速度较快，网络普及率比较高，网上开展业务收益较大，而且这一趋势仍在发展。我国很多公司都是在利用网络形式进行销售方面的工作，如淘宝网、当当网等，都是典型的网上营销案例。网络营销是农产品营销手段的创新，为农产品销售提供了一个新的模式。农产品产地和农业企业结合自身特点，大力开展网络营销，一定能拓展商机，获得巨大的效益。而且，网络营销的开展会加快传统农业向现代农业的转变，对推进我国社会主义新农村建设具有重要意义。

（二）满足了买卖双方的互动需求

网络营销区别于传统营销的最显著的特点是网络的互动性。卖方可以随时随地与买方互动式地进行交易，而买方也可以以一种新的方式与卖方互动交流。这种交流是双向的，而非单向的。农产品营销者通过网络发布有关农产品及营销者的各种信息，消费者也会主动上网寻求有关营销者和农产品的咨询。在了解到自己需要的信息后，消费者可即时利用电子邮件提出疑问和进行咨询，营销者迅速回复，在这种即时互动中达成交易，让消费者满意，培养起消费者对营销商和其经营产品的好感。营销者还可在网上进行营销调研、测试活动，获得来自消费者方面的信息，以便于精心设计自己的农产品营销策略。

（三）迅速实现和世界农业市场的接轨

自我国加入WTO以来，我国对外贸易各方面在取得进展的同时也遇到了很多的问题，很明显的一点就是我国的一些产品在国际市场上还处于劣势，特别是农产品。由于资源条件不同，生产效率不等，世界各国各地区之间的贸易具有很大的互补性，企业开展农产品网络营销有利于充分利用各国的资源和市场信息，进行科学预测与决策，为中国农产品寻找更大的国际市场空间和机会。另外，无论企业规模大小，都能平等地通过网络这一平台获取世界各地的信息，这为中国农产品中小企业的发展创造了一个极好的成长环境。中国农产品企业只需花较小的成本，就可以建立起自己的全球信息网和贸易网，将产品信息迅速传递到以前只有财力雄厚的大公司才能接触到的市场中去，平等地与大型企业进行竞争。我国开展农产品网络营销的基础条件已经具备。由于政府重视互联网建设，各地都对农业信息化建设投入了很大的财力和物力，覆盖全国的农产品批发市场网络信息系统已经建立，一些地区还实现了网络到村。一些农产品专业网站在运营中积累了丰富的经验，拥有一大批优秀网络营销人才队伍。诸如中国农业信息网、中国农业网、中国食品商务网、中国蔬菜网、中国农业商务网、365农业咨询、农博网等，大大小小的可利用的网站有几百个。农业相关网络的高度发达创造了公平的竞争环境，为开展农产品营销搭建了广阔的平台。在网络上获取信息的渠道广，遍布全球的互联网每天都有几亿网民在上网，各个地方都有商机的信息在传播，而且24小时供查询利用。营销者和购买者通过网络可以获得丰富的信息，给了解市场需求和供给，开展经营决策带来了很大的方便。目前，网上的农业信息内容，涉及种植、畜牧、水产、林业、加工、销售、生产和生活等各个方面，几乎涵盖了农业生产、农村经济乃至农民、农村生活的方方面面。不少农产品生产者在网上宣传产品，收集和发布供求信息，广告费用不高且效果好，尤其是在农产品大量上市季节，网络促销对防止产品积压、解决卖难问题发挥了重要作用。可以预测，今后网络营销作为农产品营销的一种新形式将会得到快速发展。

在互联网时代，市场和商务信息的传递突破了时间和地域的限制，大大方便了人们的日常生活。互联网正逐渐成为一个真正的全球性市场，它的深化发展与应用引发了社会经济开始由工业经济向网络经济的转型。网络经济作为一种崭新的经济形式，和工业经济有着本质区别。它一方面带来了新的市场观念，另一方面网络服务的个性化使消费需求得到了更有效的满足。更重要的是网络经济促进了世界经济的一体化，并使知识经济与网络技术紧密融合。这种崭新的经济形式给社会带来了巨大的经济利益，也使企业的营销环境发生了重大变化，企业在获得历史性发展机遇的同时，亦将面临严峻的数字化竞争危机。在网络经济时代，无论从网络对市场及其要素影响的角度还是从企业间的市场竞争的角度看，企业唯有选择网络营销才能适应网络经济时代的发展要求，才能在新一轮的市场竞争中跟上科技发展的脚步，获得竞争优势。可以说，网络营销是新时期企业关注的重点，也是营销发展的必由之路。

二、无线网络营销

随着3G时代的到来，信息化正在呈现全新的发展趋势。

网络向电信、计算机和广播电视“三网合一”方向转变；信息终端向电视、计算机、手机“三屏合一”转变；通信与媒体、娱乐、金融、电子商务等行业不断融合；移动媒体化、手机多用化愈加明显，手机已经成为重要媒体之一。3G

的应用促使企业进入无线网络营销时代。企业的无线网络营销可以帮助企业随时随地与客户沟通交流，客户可通过无线网络营销平台实现与企业的信息互动，直接获取相关信息，随时反馈意见建议，参与企业的各类活动。这些反馈信息和客户访问记录为企业有效开展营销活动、制定市场营销策略提供重要信息支持。随着手机的普及以及无线通信技术的发展，无线网络营销的客户数量正逐年增加。近年来，我国网民数量逐年上涨，互联网行业持续稳健发展，互联网已成为推动我国经济社会发展的重要力量。据国家统计局数据显示，2016年，中国互联网普及率为53.2%，中国互联网宽带接入端口为7.13亿个，同比2015年的5.77亿个增长了23.5%。2016年中国互联网接入流量达93.79亿G，同比2015年的41.88亿G增长了124%。据中国互联网络信息中心数据显示，截至2017年6月，我国互联网普及率为54.3%。

据国家统计局数据显示，2016年，全国互联网用户为10.94亿户，同比增长13.4%，互联网用户突破10亿户。互联网上网人数方面，2016年中国网民数量达7.31亿人，同比2015年的6.88亿人增长了6.2%。截至2017年6月，我国网民数量达7.51亿人，半年共计新增网民数量1 992万人。截至2017年12月底，中国网民数量达到8亿人。2016年，中国网站数量达482.4万个，同比2015年的422.9万个增长了14.1%。

以互联网为代表的数字技术正在加速与经济社会各领域深度融合，成为促进我国消费升级、经济社会转型、构建国家竞争新优势的重要推动力。同时，在线政务、共享出行、移动支付等领域的快速发展，成为改善民生、增进社会福祉的强力助推器。

伴随着我国互联网的高速发展，相关行业监管体系也逐步完善。2017年上半年，国家互联网信息办公室出台《互联网新闻信息服务许可管理实施细则》，对互联网站、应用程序、即时通信工具、微博、直播等服务提出规范化管理要求，进一步提高互联网服务管理规范化、科学化水平，促进互联网服务行业健康有序发展。

朱海松在其著作中给出了无线网络营销（Wireless Marketing）的定义：无线网络营销也称作手机互动营销或移动营销，是指利用手机为主要传播平台的第五媒体直接向分众目标和受众定向、精确地传播个性化即时信息的一系列相关活动，以实现一对一营销的目的。无线网络营销是一个涉及无线通信等技术领域与市场营销管理领域的跨领域交叉学科。无线网络营销是基于一定的网络平台实现的，这个网络平台既可以是移动通信网络，也可以是无线局域网络，而对应的接入手段或设备包括手机、个人数字助理、便携式电脑或其他专用接入设备等。

无线网络营销是网络营销的一个技术性延伸，它们都是以市场营销为基础，区别在于使用的技术。正是由于无线网络营销对网络营销的“无线”延伸，带来了无线网络营销可以给市场营销创造无限应用的概念，即所谓的“A的立方”的概念。具体而言就是无线网络营销使人们可以在任何时间（Any Time）、任何地点（Any Where）、做任何事情（Any Thing）。这也是未来无线网络营销给人们的学习、生活和工作带来翻天覆地变化的关键之处。无线网络营销并不等同于“无线促销”“无线广告”，无线网络营销的功能涵盖了营销的4P要素，也囊括了无线的应用领域。

1. 五大媒体

目前的中国传媒学术界认为大众媒介分为五大类。

第一媒体：平面媒体，如报纸、杂志等。

第二媒体：广播媒体。

第三媒体：电视媒体。

第四媒体：互联网媒体。

第五媒体：手机。

从以上分类可以看出，手机媒体是第五媒体。从广告传播学的角度来看，第五媒体是以手机为视听终端，手机上网为平台的个性化信息传播载体。它是以群众为传播目标，以定向为传播目的，以即时为传播效果，以互动为传播应用的大众传播媒介，也叫手机媒体或者移动网络媒体。

无线网络营销具有群众性、点对点互动性、随身性、营销效果可监测性等特点，它提供了许多前所未有的直销和创收方式。移动设备的特性为营销人员提供了能促使用户关注和互相交流的新渠道，提供了建立客户关系网络的新方法。无线网络营销将会成为一种有效的、真正可以产生效益的重要方法。无线网络营销可为企业带来的利益包括：随时随地处理公司的业务、随时随地与员工保持联系、随时随地掌握市场的动态、随时随地了解客户的需求、随时随地为客户提供服务、随时随地向客户销售产品等方面。

由于无线网络技术、设备等的限制，企业不可能将网络营销的方式、内容等复制到无线网络营销领域，无线网络营销在很多方面可以网络营销为参考，比如建立WAP网站供用户查阅相关信息，向用户发送电子邮件和语音信息等。无线网络营销适合的范围包括产品推介、市场活动、顾客关系管理等。最适合的产品是无线增值产品、数字影音类产品、快速消费品、运动用品以及连锁店或各种直接的个人消费服务。

2. 无线广告的商业模式

目前市场上存在着9种商业模式。即运营商独家代理模式、SP代理模式、终端植入模式、独立WAP模式、WAP网站联盟模式、运营商会员制模式、VMS平台模式、定位模式和第三方监测模式。

（1）运营商独家代理模式。在这种模式下，手机指定广告代理负责手机广告平台广告位置的销售和市场推广，为广告主提供无线媒体投播；其盈利模式为广告主首先向指定手机广告代理支付广告费，然后指定广告代理与移动运营商分成。这种模式的优点是指定手机广告代理拥有无线营销的市场运作经验，运营商拥有大量用户资源，运营商和指定广告代理的合作可以扬长避短，充分发挥手机广告的优势；缺点在于该模式难以整合数量庞大的独立（或免费）WAP门户网站资源。代表厂商是飞拓无限。

（2）SP代理模式。SP代理模式是指广告主通过与SP的合作，利用SP的业务平台发送广告内容以达到广告传播的目的，是手机广告初期最常用的商业模式。在这种模式下，SP需将广告主的广告内容提交移动运营商审核通过后，才能进行广告内容的传播。其盈利模式为广告主先向移动运营商支付广告费用，移动运营商再与SP进行分成。

（3）终端植入模式。终端植入模式最典型的代表是摩拜美迪，其终端嵌入式广告分为两类：一类是不可更换的嵌入式广告。另一类将广告内容以彩图、视频、游戏、铃声、音乐等多媒体形式植入到手机终端；如彩图可以设置成待机屏保、桌面背景、手机开关机画面和来电画面等。

（4）独立WAP模式。独立WAP模式是指独立WAP网站利用免费的内容吸引用户访问，然后利用流量做类似目前互联网的手机广告。

（5）WAP网站联盟模式。WAP网站联盟的典型代表是分众传媒和魅媒科技，联盟会员一般是独立WAP网站。魅媒科技到目前为止已经拥有8 000多个独立的WAP门户网站，每天超过1 000万的流量资源。WAP网站联盟负责搭建联盟营销平台，联盟会员WAP网站通过该平台选择合适的广告主并通过播放广告主的广告获取收益，同时节省大量的广告销售费用。其盈利模式是广告主向WAP网站联盟支付广告费用，WAP网站联盟和联盟会员、WAP网站按照比例分成。

（6）运营商会员制模式。运营商会员制模式的典型代表是上海聚君。上海聚君分别与上海联通和上海移动签订合作协议，为两家运营商发展手机广告会员。在这种模式下，手机广告代理主要采取会员制，只向会员发送广告或进行互动营销。其盈利模式是广告主先向聚君支付保底的内容发送通信费用，然后选择按点击付费和按电话付费，如没有反馈就无须付费，然后聚君再向运营商支付通信费用和媒体发布费。

（7）VMS平台模式。VMS平台，全称是互动式资讯查询平台，该平台是飞天流影公司基于其手机电视平台所创建的。VMS平台模式的主要对象是飞天流影公司。VMS平台最大的特点是集视频、音频、图形图像、文本信息于一体，拥有庞大的广告信息库，在用户自主订阅的基础上，该平台通过闲时下载、断点续传等技术合理利用无线网络带宽资源，降低用户使用成本。

（8）定位模式。定位广告是基于GPS定位技术所开展的业务，该业务方式为产业链各方成员所看好。

（9）第三方监测模式。第三方监测模式是指定位于手机广告第三方，为广告主或广告代理商提供监测及广告效果评定服务的商业模式，这种商业模式主要以北京电翼公司为代表。

无论是哪种模式都需要合作各方从生态系统的角度去考虑无线网络营销未来的发展前景。无线网络营销的价值链各方都属于生态系统的一个子系统，任何一个环节的断层，都将影响到无线网络营销未来的市场前景。尤其是作为无线网络营销的主渠道，运营商需要以开放的态度融合进价值链，以价值链引领者的角色梳理清价值链的各方定位，促进价值链朝着良性的方向发展。

基于上述对无线网络营销问题的分析和理解，企业在开展无线网络营销的过程中要注意以下问题：

（1）需要一个专门的企业网站（即手机网站），这个企业网站要适应手机等无线终端的网站的内容，要针对手机访问者的特点进行设计。

（2）在无线互联网环境下，对手机网站进行登记、标注以及广告投放等推广活动，可与传统网站宣传推广工作同时进行，以增加该网站被无线互联网用户浏览的机会。

（3）要加强网站内容建设，提供具有行业特色或自身企业特色的信息应用，如市场行情播报、最新促销播报等内容，以增加被关注的概率。

（4）在传统企业网站中，对手机网站进行宣传和介绍，引导传统用户在转变角色成为无线互联网用户时，也能通过手机网站与企业进行联系和沟通。

（5）将传统企业网站的会员互动在手机网站中进行延伸，让手机网站用户可参与到传统网站的互动中来，使网络营销具有延续性。如会员登录、会员评价、查看、处理交易信息等。

（6）结合无线互联网独特的技术应用特点，设计企业的网络营销应用。如提供企业自制铃声、主题下载、开设手机网站在线客服、手机网站语音服务等。

（7）对于B2C的客户，可在无线网络营销的基础上，开通无线电子商务的流程。让无线互联网用户能够方便地开展无线购物流程，并可随时进行订单查询和管理。

三、微博营销

2007年5月正式上线的“饭否”是中国第一家引入微博概念的网站，随后国内第一批模仿Twiner的微博类网站陆续出现，如“叽歪”“嘀咕”“做啥”等。此外，开心网、豆瓣网等社交网站也融合了微博的即时交流功能。我国微博的诞生与世界基本保持了同步水平，但起初并没有进入主流人群。作为Twitter的中国版，“饭否”在发展过程中逐步完善其网页功能。2007年先后增加了@功能、收藏分享功能、彩信发布功能和Flash插件，2008年撤掉原有LOGO上的“测试”字样开始正式运营。到2009年上半年，“饭否”网的注册用户数达到1 000万，成为当时国内最知名的微博网站，同年6月，“饭否”迎来了第一家付费用户惠普。

“饭否”的逐渐兴起使其在一些新闻事件中的报道实力不断凸显，与此同时，网络监管与微博传播力量的矛盾也在不断升级。2009年7月8日零点之后，“饭否”各版面相继关闭，从此陷入无法提供稳定服务的状态。和“饭否”一样，“叽歪”网于2009年7月21日被要求停止服务，同类的“嘀咕”网等中国最早一批微博类网站都于2009年7月22日停止服务。在第一批类微博网站被叫停后，2009年8月，新浪抓住微博在中国发展的空白期推出“新浪微博”内测版，成为我国第一家提供微博服务的门户网站，微博从此正式进入国内主流人群视野。在3个多月的内测期后，2009年12月，新浪微博正式开放注册，由于邀请了众多名人以VIP授权方式注册微博，吸引到一批慕名而来的网民。2010年，搜狐、网易、腾讯等门户网站相继推出微博产品。人民网、凤凰网等媒体网站也开拓了微博服务，中国微博市场进入竞争状态。到了2011年，国内微博网站数量达到20个，其中，用户数量最多的是新浪微博和腾讯微博。

微博一词源于英文Micro Blogging（微型博客），通常被看作是传统博客的一种变体。百度百科中微博的定义为：微博是一个基于用户关系的信息分享、传播以及获取平台，用户可以通过Web、WAP以及各种客户端组件个人社区，以140字左右的文字更新信息，并实现即时分享。

微博营销在企业微博、代言人微博与用户微博的有机结合下，通过微博博主发布产品信息、宣传企业文化等进行一系列网络营销活动，逐步构建起一个有固定受众的互动交流平台。由于微博自身的特性，微博营销所进行的信息传播不同于传统营销方式的全面化，而是呈现碎片化传播，但拥有低成本、高传播效果的营销效果。

微博营销不仅局限于企业营销，也适用于公益文化机构进行宣传与互动（如图书馆、博物馆、政府部门、公益性组织等），且由于营销主体不同，微博营销不仅适用于组织，也适用于个人。目前，已有许多娱乐明星、行业名人注册微博，即使是普通网民也可通过发布微博达到自我宣传营销的目的。有权威发言权的注册个人或组织均需通过微博平台的官方认证，以确保信息的真实性。

随着媒体融合进程的不断加快，广播、电视、互联网等媒介间的界限将越来越模糊，营销方式也呈现多样化。微博营销作为借助在微博这一媒介形式之上的新兴营销方式，已初步崭露头角，受到了广泛关注。截至2011年底，微博女王姚晨在新浪微博的粉丝量超过1 500万。凭借其在微博上的高人气，姚晨获得了多个参与活动、代言的机会并推动了演艺事业发展。同样，作为个人微博营销的成功范例，创新工场董事长兼首席执行官李开复在腾讯微博拥有超过2 000万粉丝。通过在微博上与广大粉丝交流，他在提升个人形象的同时，也于无形中对企业产生了极好的品牌宣传作用。除了个人营销，众多企业也纷纷注册官方微博开展微博营销，笔者整理归纳出以下几种目前微博营销的主要形式：

1. 定期刷屏更新

微博作为即时信息交流平台，有着快速的信息流动性与广泛的受众覆盖面。注册微博进行营销的企业可通过这一平台发布最新企业信息，如企业新闻、行业动态、商品信息等。微博上快速更新的信息相当于便捷浏览的企业微型官方网站，可以吸引目标消费者关注，达到进行企业宣传的目的是微博营销的最基本形式。如凡客诚品在新浪的官方微博中，除了企业LOGO、基本信息外，每日都会更新商品信息、企业新闻等内容，并附有图片。同时借助微博的“转发”“评论”功能，企业还可与粉丝有不同程度的互动。

除了发布文字、图片信息，微博的许多个性化设置功能也可成为企业宣传品牌的渠道。如用户名、用户头像，个人主页背景等，都可设置为企业的名称、LOGO、宣传画等。如我国的东航公司采用全员参与微博营销的方式，让约600名空姐集体注册用户名都有“凌燕”二字的新浪微博，并对她们进行培训，制定了统一的营销规则，以企业形象与粉丝交流。这一营销方式拉近了企业与旅客的距离，展现了企业的品牌文化。

2. 广告隐性植入

植入广告在社会化媒体时代已广泛应用于社交网络、博客中，是一种常见的网络营销法。它的核心原则是通过将商品、企业符号于无形中融入媒介，令受众在不经意间对某品牌或产品产生印象，间接起到营销作用。植入广告运用在微博中，商家可将图片广告、视频广告等富有创意的广告内容植入微博，使用户在日常浏览微博信息时，被广告内容吸引并给予关注，从而达到对商品或企业的宣传效果。目前微博植入广告具体可通过网络热点植入、段子植入、活动植入、话题植入等方式。段子植入是指将企业品牌、文化融入幽默、搞怪或实用的文字、图片或视频，以微博发布的形式传播出去，吸引关注。好的段子会通过用户自发“转发”获得广泛传播，吸引大众注意力，企业信息也在无形间被微博用户关注。如今被手机用户广泛应用的图片美化工具软件“美图秀秀”就是微博段子植入营销的典型代表。“美图秀秀”将一些经典且受欢迎的图片进行处理并打上软件LOGO，这些图片受到了广大微博用户的喜爱和关注。在获得较高转发和评论数的同时，“美图秀秀”这一品牌形象也得到广泛传播，使其下载量大幅攀升至iPhone软件免费下载榜的榜首，提升了商业价值。话题植入是指广告主在某一热议话题的关键词搜索页面投放相关商品广告，广告内容与搜索结果具有相关性。当前我国许多电影在上映期间，都会出现在新浪微博的热门话题中。如2011年底上映的由文章与白百合主演的影片《失恋33天》。在影片正式上映前，电影发行方便已开通经过认证的新浪微博，拥有近10万粉丝量，影片的宣传片与部分剧照也在微博上广泛流传。影片上映时，《失恋33天》成为热门话题，吸引了许多人去电影院观看，让这部小成本影片成为同档期的最大赢家。

3. 用户活动营销

用户活动营销可分为线上活动和线下活动，指企业“通过微博传播活动信息，包括具体的互动内容、活动方式、奖项设置、地点范围、时间限制等，通过举办微博活动，推广产品，迅速提高产品和品牌的知名度，吸引更多目标消费群体的有意注意。通过在微博平台上组织策划活动吸引用户参与，快速提高企业美誉度和品牌知名度，扩大影响力，在引起消费者关注同时进一步产生购买行为的营销模式”。目前，许多微博网站都开辟了活动栏目，如新浪微博的微活动包括同城活动、有奖活动、线上活动等，内容涉及餐饮、出游、娱乐、艺术等领域。例如，在2010年上海世博会期间，中粮集团与新浪微博合作开展的“美好生活@中粮”便是一次成功的活动营销。活动由“发现美好”“相约世博”“世博闪拍”“发现中粮”“粮呈美景”五个子活动组成，每个子活动会给出相应的主题，要求参与者发布微博收集“粮票”，根据最后收集到的粮票款式进行兑奖。其中“发现美好”和“发现中粮”还有特别大奖，关注活动官方微博——“中粮美好生活”即可获得10张粮票。活动在短短4个月内，引导500多万参与者自行发布和转发了超过1 000万条相关微博，传播了中粮集团的企业文化，扩大了品牌影响力。有奖转发作为一种有偿活动营销方式，可快速增加企业官方微博粉丝量，有效提升企业知名度与影响力，且成本较低，如今在各大微博网站已非常普遍。活动一般分为发布规则、抽取获奖、线下领奖三个步骤。企业在官方微博发布参与方式、奖品内容、活动时间、抽奖原则等有奖转发信息后，受到微博用户的广泛转发得以传播。在活动截止日时，企业根据抽奖规则，从有效参与活动的用户中抽取获奖用户，在微博上发布获奖名单。最后，获奖人通过线上或线下方式联系企业兑现奖品，有时需根据企业要求发布微博展示奖品内容。

4. 客服互动平台

微博的互动性、即时性等特点，成为许多商家开展客服的极佳平台。用户可通过发布微博向企业注册的微博客服传递个人诉求，企业也可通过这一方式及时了解到客户的需求与自身不足。这种与消费者良性互动的营销方式形式拉近了买卖双方距离，在企业对消费者进行有效沟通反馈的同时，也有利于其完善商品或服务，提高企业美誉度。因此，注册微博客服也是企业微博营销的方式之一。目前包括房产、团购网站、电信、游戏、金融、商场等多个行业的企业都已开通了官方客服微博。其中中国联通、中国电信、中国移动这些电信企业发展最为成熟，不仅有集团的官方客服微博，部分分公司也都先后开通了专门的客服微博，提供在线客服。例如，中国电信的新浪客服微博开通于2009年，可为粉丝提供各项相关业务的咨询服务、在线受理投诉、解答疑问。不同于集团官方微博的信息发布功能，客服微博专门针对客户服务工作，各省级分公司的客服微博与集团客服微博相互协调，形成了中国电信的微博客服体系，为企业提供了一条新的客服渠道。

5. 软文迂回营销

软文迂回营销往往不通过企业的官方微博发布，而是通过“第三者”在发布的微博内容中迂回提及企业或产品，消除消费者抵触广告的情绪。运用口碑营销原理，于无形间将所要表达的宣传内容传递出去，更具劝服性和煽动性。由于微博的传播是建立在关注与被关注之上的，拥有越多“粉丝”，其信息的传播范围就越广泛，营销效果就越好。因此，各界名人成为“第三者”的最佳人选。例如，2011年10月25日，在郑州拍戏的某艺人发布了一条附有图片、内容为郑州羊肉汤+烧饼好吃的微博，立刻受到众多河南微博用户的追捧，并于隔日登上了省内各大媒体。据报社记者采访，微博中提到的是一家远离郑州市区，位于菜市场中的简陋烧饼摊和羊肉汤店。在微博发布次日，便有不少人慕名而来，小小烧饼摊可比平时多卖出100多元，名人效应可见一斑。类似这样的软文营销案例还有很多，微博女王姚晨拥有超过1 500万粉丝，相当于她发布一条信息就会被1 500万以上的人同时看到，并且还会以转发形式裂变传播，其影响力远大于传统报纸、电视媒体的广告效应。除了名人，拥有高关注度的草根微博用户也可成为发布软文微博的“第三者”。相比名人软文，普通用户的软文更具家常感，更容易信服，企业付出成本也更低。目前，已出现了许多专业发布微博软文的普通用户，2011年初《北京晨报》也爆出了发布软文广告的报价单，可见微博软文营销市场已经形成，并在逐渐发展。

四、微信营销

微博营销方兴未艾，微信营销开始崭露头角。微信是腾讯旗下的一款语音产品，是当前比较火爆的手机通信软件，支持发送语音短信、视频、图片和文字，可以群聊。2011年1月21日，腾讯推出即时通信应用微信，支持发送语音短信、视频、图片和文字，可以群聊。2012年3月29日，时隔一年多，马化腾通过腾讯微博宣布微信用户突破1亿大关，为新浪微博注册用户的1/3。在腾讯QQ邮箱、各种户外广告和旗下产品的不断宣传和推广下，微信的用户也在逐月增加。2011年11月，微信官方数据，在5 000万的用户中有活跃用户2 000万，而25～30岁用户估计超50%；主要分布在一线大城市，最多的用户职业是白领。Ios/Android/Symbian平台上用户分别占25%、25%、50%，而大部分微信用户都是从腾讯旗下各种产品过渡而来的。目前，微信营销有以下优势：

（1）与QQ相比，微信首先走的是熟人圈子路线，用户之间的亲密度、熟知度高于微博（微信把QQ好友、用户手机通讯录的微信用户进行联动，也可加周边人为好友）。微信首批用户是之前QQ不一定覆盖的相对高端用户，这批用户对于商家的价值不言而喻。

（2）借助智能手机移动端的越发普及，微信社交、位置等优势会给企业营销带来更多便利，微信的“摇一摇”与“查找附近的人”都是移动营销的价值体现（运用LBS基站定位技术，借助互联网或无线网络，在固定用户或移动用户之间，完成定位和服务两大功能）。某餐饮商家利用微信中“查找附近的人”功能对周边微信用户进行“打招呼”，是一种新的企业宣传方式。

（3）二维码营销前景。扫描QRCode，这个功能原本是参考另一款国外社交工具“UNE”，用来扫描识别另一位用户的二维码身份从而添加朋友。但是，二维码发展至今其商业用途越来越多，所以微信也就顺应潮流结合O2O展开商业活动。将二维码图案置于取景框内，微信会帮你找到好友企业的二维码，将可以获得成品折扣和商家优惠。移动应用中加入二维码扫描，然后给用户提供商家折扣和优惠。这种O2O方式在国外早已普及开来，因应用的便利性与实用性，二维码应用在国内的未来前景非常可观。

（4）企业活动漂流瓶。微信的用户逐月增加，不少企业也在尝试利用微信推广。其中，漂流瓶便是商家看重的一个微信活动应用。漂流瓶实际上是移植至QQ邮箱的一款应用，该应用在电脑上广受好评，许多用户喜欢这种和陌生人的简单互动方式。移植到微信上后，漂流瓶的功能基本保留了原始简单易上手的风格。漂流瓶主要有两个简单的功能：①“扔一个”，用户可以选择发布语音或者文字然后投入大海中，如果有其他用户捞到则可以展开对话；②“捡一个”，顾名思义则是“捞”。大海中无数个用户投放的漂流瓶，捞到后也可以和对方展开对话，但是，每个用户每天只有20次捡漂流瓶的机会。

招商银行曾发起“爱心漂流瓶”用户互动活动，与微信进行合作之后，在活动期间微信用户如果使用“漂流瓶”功能，高达10%的机会就会遇到“爱心漂流瓶”，从而对招商银行品牌与活动产生认知。

第六节　阿里农产品电子商务

一、阿里农产品电子商务的发展

（一）阿里平台上涉农网店数量

脱贫攻坚，环境保护，是党的十九大提出的重大目标，绿水青山就是金山银山。阿里巴巴在整个农村淘宝的发展战略中，就想证明绿水青山必须是金山银山。

截至2017年12月底，全国淘宝村数量已达2 118个，淘宝镇达242个，淘宝村活跃网店超过49万个，带动直接就业机会超过130万个。在国家级贫困县和省级贫困县，淘宝村数量快速增长，电子商务对减少贫困发挥了重要作用。

（二）阿里平台上农产品销售情况

1. 阿里农产品销售总览

2016年在阿里零售平台（淘宝＋天猫）上共完成农产品销售约1 000亿元，同比增长超过40%。

从品类来看，销售额最高的是坚果，超过100亿元，紧随其后的是茶叶、滋补品、果干和水果；销售增速最快的五类农产品依次为蔬菜、蛋制品、肉类、肉类制品和米面。

在地域分布上，江苏和浙江均超过100亿元，列前两位，广东、上海、安徽紧随其后。

2016年在阿里国内批发平台（1688）上，农产品销售同样增速明显，通过支付宝成交的农产品约为50亿元，因为批发平台的交易者基本采用“线上询盘线下交易”的模式，按照内部“线上线下支付比例”的模型测算，保守估计2016年通过阿里国内批发平台完成约300亿元农产品的销售。

2. 阿里农产品销售主要模式

阿里旗下各平台上的农产品上行呈现出百花齐放的格局，既有传统C2C方式受到社群经济、互联网的赋能而涅槃重张，又有B2C、B2B因阿里农村战略深耕而有机会与传统农业产业链深度融合，更有在五新理念基础上应对消费升级而进行的新零售创新探索。同时，各平台在与贫困地区的农产品资源对接中，更是体现出新经济的力量，践行了电商扶贫理念。

（三）阿里集团的涉农业务布局

正是看到了农产品电子商务的巨大潜力，阿里平台在2012年都组建或强化了涉农业务，用以发展农产品或其他涉农电子商务，从而在CBBS的大市场体系中形成布局。

阿里巴巴B2B公司2012年初拆分为CBU（阿里小企业业务）和ICBU（阿里国际业务）两个公司后，也都保持专门的农业类目，来管理农产品的批发和国际询盘；淘宝网食品类目为了强化农产品销售，重新组建了“特色中国”项目，希望用土特产撬动用户对农产品的蓬勃需求；2012年3月，淘宝网成立新农业发展部，并于6月推出生态农业频道（ny.taobao.com），以绿色农产品为主导，旨在探索一条发展农产品电子商务的绿色生态模式；天猫网组织优质的运营服务商资源，为其食品类目下近4 000个卖家提供更专业的支持和服务；聚划算平台则通过几次“聚果行动”，确立了生鲜农产品作为对接本地生活、由消费者驱动的主要商品。除了上述以推进农产品销售为主的业务设置外，天猫网物流事业部还发起了“邮E站”项目，希望在农村部署更多网点，发展代购业务，解决农民“买难”问题；支付宝则于2012年7月成立了新农村事业部，重点发展农村便民支付普及和农村金融服务合作，尝试搭建涉农企业及专业合作社的融资平台。

二、阿里平台新的销售模式

（一）涉农网商模式的升级

最早在阿里平台上成长起来的一批涉农网商，以销售农产品为主，著名的有在B2B平台上批发活牛活羊的孙宏伟，也有在淘宝平台上零售土特产的王小帮，以及大学毕业后回乡创业的赵海伶、杜千里。他们的销售流通模式，基本上都是“网络+公司+农户”的模式，农产品生产主体—农户、农业合作社或涉农企业—变身网商，或依托网商，利用电子商务平台，实现与大市场的对接。

从2012年起，浙江省遂昌县的农产品电子商务异军突起，其中发挥主导作用的，不再仅是农户和网商，遂昌县网店协会成为关键节点。遂昌县网店协会的作用不仅在于给网商提供免费的开店培训，还零成本提供统一采购、统一仓储、统一配送、统一物流、统一包装等运营服务，帮助遂昌网商避免库存和风险。网店协会通过与物流公司谈判，控制住物流费用的上涨，同时也积极争取将网商面临的仓储、资金难题纳入政府的电子商务扶持政策。

遂昌县网店协会的加入实现了当地农产品电子商务的集约化营销。它向上整合了120家供应商资源，通过寻找农业合作社、生产基地和一些零散农民，将他们的产品资源集中到会员仓储配送中心——麦特龙分销平台，之后做好产品包放在网上。网商们只要将产品包放进自己的网店里销售，接到订单之后再来分销平台上下单，即实现了之后的统一配送和物流。

在遂昌县农产品电子商务的发展样本中，传统涉农网商的销售流通模式已经升级为“网络+协会+公司+农户”的模式，协会既为网商做好服务，也为网商们争取更大的利益，同时制定标准对接生产方，实现品质监控和集约化营销。遂昌县网店协会在成立后的两年中，该县淘宝网店数量由350家发展到了2 000家以上，其中，会员1 200家，皇冠店20余家。2012年，各会员单位在淘宝网上的销售额即达到了1.5亿元。

（二）平台与运营服务商的联动

淘宝网的“特色中国”项目意在用土特产撬动农产品的旺盛需求，始于2010年，后因种种原因搁置。2012年4月由食品类目接手后，到12月底，共做了5个馆的尝试，当年上线湖北馆、新疆馆、贵州馆、四川馆，遂昌馆于2013年1月正式开馆。

“特色中国”最初的三个馆——湖北馆、新疆馆和贵州馆，均以主推地方土特产为主，开馆后，湖北的大闸蟹、新疆的鲜果干果、贵州的茶叶薏米均在淘宝上热销。12月推出的四川馆，则把土特产与四川特色旅游资源捆绑起来，再结合本地生活服务（餐馆、住宿、娱乐等），为用户提供了好吃、好玩、好游的全方位服务。遂昌馆是淘宝网的第一个县级馆，除了优质土特产和旅游资源外，还由政府出面做好食品安全的背书，组建的当地客服团队做到了遂昌的问题在遂昌解决。经过5个馆的尝试，“特色中国”项目基本探索出了政府、运营服务商和平台的“1+1+1”运营模式。其中政府在品质监管和食品安全上做好背书，并且给予政策扶持；运营服务商则是做好销售和推广，包括频道、营销策划以及客服体系；平台做基础的流量，包括搭建产品库、商品和卖家管理模块等。其中运营服务商的角色最为关键，他们不仅需要具备代运营能力，还肩负着孵化和推广地方特色产品和协助各地区中小卖家成长的责任。

“特色中国”不仅在模式上走通了平台与运营服务商之间的联动，在对各省份土特产的销售上也取得了很好的拉动。以贵州馆为例，开馆后来自贵州省的土特产销售额，从之前的每日40万元，提高并一直保持在每日80万～100万元的水平上。

（三）平台与传统经纪人的联动

除了与平台上既有生态元素（网商、服务商等）的联动，阿里平台还与农产品线下传统的渠道商和经纪人积极合作，希望探索出新的销售模式。

聚划算在最近两年发布了多起农产品团购活动，都取得了极佳的效果。2011年5月发起的“聚蕉行动”，共有北京、上海、广州、深圳等地14.5万名网民帮助海南蕉农团购了520吨香蕉；2011年11月的“聚菜行动”中，150吨蔬菜被4.2万名网民一扫而空。聚划算平台在缓解各地农产品“卖难”危机的同时，也探索出一条通过消费者驱动、联合传统经销商经纪人，推动农产品电子商务销售的模式。

（四）电子商务订单农业的雏形

电子商务订单农业是近年出现的一种新型农业生产经营电商模式。

“抢鲜购”模式走通后，很多时令鲜果都开始按照这种预售的模式来操作，时令鲜果成为2012年“双十一”“双十二”淘宝天猫购物节上的热门品类，农产品的预售模式在多个平台到处开花，除了淘宝网，天猫、聚划算都引入了这种模式，并取得了不俗的成绩。

三、阿里平台在解决行业难题方面做的尝试

（一）绿色农产品布局

绿色经济是人类文明的全球共识与发展方向。发展绿色农业就是探索农业新的发展模式和新的经营理念，从而促进农业现代化，提高农产品竞争力，实现农业的可持续发展和生态系统平衡与良性循环。

淘宝生态农业频道在推进绿色农产品的经营模式上进行了有益尝试。它在2012年6月上线之初就定位于做安全健康放心的“食物社区”。引入敢于承诺“拒绝农药、化肥、转基因”的绿色农场，在产品页面上公开产地、生产者、生产资料、生产过程和生产环境的信息，结合淘宝评价体系及SNS传播方式，尝试建立起了一套绿色农产品的参与式保障体系。

（二）食品安全溯源机制

在食品安全危机频发的当下，如何解决农产品的安全问题，是发展农产品电子商务不可逾越的一道门槛。2012年，淘宝网与天猫食品类目联合国家工商行政管理总局进行电子台账建设，是对食品安全溯源机制的一次有益尝试。

2012年7月，淘宝网和天猫对卖家发布平台进行优化，要求食品类目下新发布的包装商品，卖家必须填写资料中的生产许可证编号、品名、厂名、厂址、联系方式、保质期、生产日期、进货日期、数量、供货商、规格、包装方式、产地、配料表、食品添加剂等字段，从而完善食品追溯体制，将商品信息更全面地还原给消费者。建立网络食品安全追溯制度后，“三无”产品得到了有效控制，出现食品安全问题，可以追根溯源。对消费者而言，商品信息变得更为透明，特别是消费者最关心的食品保质期、产地等，一目了然。

数据表明，2012年淘宝网各农产品类目中因质量问题发生退款数量，增幅下降了54.97%。

（三）资金链问题的尝试

对农产品进行生产或加工，资金也一直是困扰众多涉农企业、农业合作社及零散农户的难题，支付宝平台则在这个问题上进行了大胆尝试。

支付宝在2012年7月成立新农村事业部后，将搭建融资平台作为一项主要工作，帮助涉农企业实现贷款或供应链融资。支付宝将上游的授信机构与下游的涉农企业连接起来，在中间做一个贷款发放和还款的资金通道，帮助它们实现涉农贷款。

四、阿里平台在农产品电子商务中的作用

（一）在农产品巨大市场上的试水尝试

阿里平台在农产品电子商务上的探索，是在一个巨大潜力市场上的尝试。随着近两年电子商务的蓬勃发展，一些传统行业已经达到较高的网络渗透率，如2011年化妆品的网络零售渗透率达到16.3%，信息家电（3C产品）达到15.6%，服装则达到14.3%，而农产品行业的电子商务才刚刚起步。2012年，淘宝网农产品完成销售额接近200亿元，而2010年我国进入流通领域的实体农产品的价值总额则为2.24万亿元。当我国网民人口红利逐渐耗尽的时候，开拓新的品类或市场，则成为维护电子商务持续发展的关键工作。

（二）为农产品“买难卖难”寻求破题之路

阿里平台在农产品电子商务上的探索，为破解农产品“买难卖难”提供了新的方式和渠道。农产品“买难卖难”是长期以来困扰我国农产品流通的一道难题，农业农村部、商务部等政府部门推出过“菜篮子”“万村千乡”“双百市场”“农超对接”等多项工程，但是，这个问题依然未得到解决，每年农产品丰收之时，也就是各地菜贱伤农事件爆发之日。淘宝、天猫、聚划算等平台探索的多种农产品电子商务销售模式，不仅为农产品“买难卖难”寻求破题提供了借鉴意义，也在农产品生产一线孕育出一种新型生产力，这种生产力与它的主体涉农网商一起，必将在未来真正的破题中发挥力量。

（三）新商业结构下对农产品消费方式的探索

阿里平台在农产品电子商务上的探索，也是在新商业结构下对新消费方式的全新思考。互联网商业讲求协作共赢、生态繁荣、共生进化，小前端、大平台、富生态的商业组织与模式，促进了整个互联网生态的形成。在新的商业结构下人们的消费方式发生了极大变化，消费效率提高，消费者选择权扩大，消费理性增强等。而

农产品生产、配送、储存上的独特性，又使它的消费方式更加独特。

淘宝、天猫、聚划算等平台尝试的农产品预售模式、团购模式、体验消费、社交网络传播以及绿色食品的参与式保障体系等，都是对新商业结构下新型消费方式的对接与探索。

第七节　农产品网络营销与“淘宝村”

一、“淘宝村”的概念

“淘宝村”是中国农村经济和电子商务联姻的典型产物。“淘宝村”的出现，不仅破解了农村信息化难题，有效提高了农民收入，提升了农民生活幸福指数，也成为拉动农村经济发展、促进农村创业和就业、缩小城乡数字鸿沟的新型渠道。

“淘宝村”指的是大量网商聚集在农村，以淘宝为主要交易平台，形成规模效应和协同效应的电子商务生态现象。判断“淘宝村”的主要依据是以下三条原则：

1. 农村

“淘宝村”由农村草根网商自发形成。

2. 规模

网商数量达到当地家庭户数的10%以上，且电子商务交易规模达到1 000万元以上。

3. 协同

形成相对完整的产业链，具有协同发展的特征。

二、“淘宝村”的兴起与形成

（一）“淘宝村”的兴起

“淘宝村”一词最早见诸报端，是在2009年媒体关于江苏省徐州市睢宁县沙集镇东风村的报道。这个苏北的小村庄原本并没有家具产业，但在几年时间里，当地已经形成一个以数千名网商为核心，周边辅以快递企业、代运营、五金配件、原料供应、包装供应等服务商在内的生态圈，极大地带动了当地农村经济的发展。和东风村同时期崛起的“淘宝村”还包括河北省邢台市清河县东高庄、浙江省义乌市青岩刘村等。

（二）“淘宝村”为何会形成

为什么“淘宝村”会自发形成？为何原本文化水平低、不懂电脑的农民能够成为淘宝达人，并且抱团走向成功？“淘宝村”的形成原因主要有以下几点：

1. 电子商务加速向农村渗透

电子商务对中国经济社会的影响正在日益加深。根据阿里巴巴官方数据显示，2017年淘宝“双十一”交易额达到1 682.69亿元，刷新了2016年纪录，2016年“双十一”全天交易额为1 207亿元，同比增速为39.36%。

“双十一”购物狂欢节，是指每年11月11日的网络促销日，源于淘宝商城（天猫）2009年11月11日举办的促销活动，当时参与的商家数量和促销力度有限，但营业额远超预想的效果，于是11月11日成为天猫举办大规模促销活动的固定日期。“双十一”已成为中国电子商务行业的年度盛事，并且逐渐影响到国际电子商务行业。

2017年“双十一”刚好碰上周末，在家为“双十一”销售额做贡献的剁手党们显然比以往多了不少，从11月11日0点开始，天猫“双十一”交易额破1亿元仅花了11秒。下列数据，可以直观地看出2017年的“双十一”气氛有多火热。“双十一”交易额重要时点回顾：（以11月11日0点计算）1亿元——11秒；191亿元——5分57秒（超2012年全天成交额）；362亿元——16分10秒（超2013年全天成交额）；571亿元——1小时0分49秒（超2014年全天成交额）；912亿元——7小时22分54秒（超2015年全天成交额）；1 111亿元——10小时54分（11月11日纪念数字）；1 207亿元——13时09分49秒（超2016年全天成交额）。

2. 第三方电子商务平台降低了农民网络创业的门槛

以淘宝网为代表的第三方电子商务平台，为农民提供了低成本的网络创业途径。根据阿里研究院定义，“淘宝村”是大量网商聚集在某个村落，以淘宝为主要交易平台，以淘宝电商生态系统为依托，形成规模和协同效应的网络商业群聚现象。“淘宝村”的交易场所必须在农村地区以建制村为单元，电子商务年销售额需达到1 000万元以上，该村活跃网店数量达到100家以上，或活跃网店数量达到当地家庭户数的10%以上，如果一个镇、乡或街道符合“淘宝村”标准的建制村大于或等于3个，即为“淘宝镇”。

在2017中国“淘宝村”及“淘宝镇”初步名单中，“淘宝村”数超过100个有6个省份，包括浙江、广东、江苏、山东、福建、河北，其中山东省“淘宝村”数量位居全国第四。菏泽、滨州、青岛的“淘宝村”数量位居全省前三位。其中菏泽市“淘宝村”数量在全国城市中位居第二。曹县是山东省最大的“淘宝村”集群。其中，曹县的大集镇，32个建制村都成为“淘宝村”，孕育出全国最大的儿童演出服产业集群。

3. 农村的社会属性更适宜网商群体发展

中国农村是一个区别于成熟市场经济的特殊形态社会。社会学家费孝通曾经指出，中国传统的乡村社会是“熟人社会”，“熟人社会”不仅有公认一致的规矩，而且信息全对称。这种“熟人社会”对于网商的成长和扩散，具有天然的优势。一个农村网商先发展起来，就会形成涟漪效应，向周边的亲友、邻居扩散，最终形成具有规模效应的“淘宝村”，国内已有的20个“淘宝村”的成长历程无不如此。

4. 农村基础设施持续改进

物流匮乏、宽带不畅、交通不便，是广大农村地区普遍面临的基础设施难题，这也是造成城乡数字鸿沟的客观原因。近年来，国家各级政府加大对农村地区的扶持力度，涵盖公路、电力、用水、电话网、有线电视网、互联网等在内的“村村通”工程的实施，对农村地区的基础设施改善发挥了重要作用，也为农民升级做网商提供了便利条件。

“淘宝村”和基础设施的关系，前者是因，后者是果。多个“淘宝村”的案例表明，往往是“淘宝村”的出现，刺激了对基础设施的巨大需求，进而加快了基础设施的建设速度。江苏省徐州市睢宁县沙集镇东风村，当地农民网店快速增长期，电信基础设施无法满足农民装宽带的巨大需求，出现了农民排队装宽带的现象，同许多地方运营商在农村地区装宽带必须大力推广才能有成效的状况形成鲜明对比。

5. 电子商务带头人的关键作用

中国有数以万计的建制村，具有特色产业和资源优势的农村也不在少数，但为什么只有少数农村发展成为“淘宝村”？其中一个重要的原因是电子商务带头人的存在。优秀的电子商务带头人在“淘宝村”的形成过程中起到了重要的启蒙和催化作用。如江苏省徐州市睢宁县沙集镇东风村的“三剑客”、河北省清河县东高庄的刘玉国、浙江省丽水市缙云县北山村的吕振鸿等，他们的共同特点是善于学习、勇于尝试新生事物，并乐于分享，能够起到“先富带动后富”的作用。相比电视、报纸、网络上的创业故事，农民更相信身边活生生的成功案例的力量。

三、“淘宝村”的特点

（一）农民网商占据主导地位

从电子商务发展的驱动主体看，“淘宝村”是农户自己变身为网商直接对接市场，并在当地农产品电子商务的发展中起了主导作用。

与其他农产品电子商务模式相比，“淘宝村”模式同网商经纪人驱动模式、龙头组织驱动模式有显著不同。在以四川青川赵海伶、河南辉县杜千里为代表的网商经纪人驱动模式中，经纪人扮演着沟通农户与网络的作用，网商经纪人从农户手中收购产品，进行网络交易，农户并不直接面对消费者；在以浙江遂昌县网店协会、福建南安市世纪之村为代表的龙头组织驱动模式中，龙头企业和协会是当地农产品电子商务的主导者。

（二）集群性

在国内已有的20个“淘宝村”中，一个普遍的现象是“淘宝村”的网商大多经营同一品类产品，形成了一个网络产业集群，如东风村主营板材家具、灶美村主营藤铁工艺品、湾头村主营草柳编家居用品。这种集群性可显著增强该地区网商的群体竞争力。

（三）协同性

协同性是农村网商的一大特质，得益于农村“熟人社会”的社会属性。“淘宝村”的网商在互相竞争的同时，也体现出显著的协同性，主要体现在产品内部流通、经验分享等方面。

四、“淘宝村”的作用

（一）增加农民收入

“淘宝村”可以形成显著的财富效应。在“淘宝村”的形成和发展过程中，最主要的发展动力是农户自发的创业致富的内在需求。这种内在需求，推动着当地农户变身为网商，从无到有、由少到多发展起来。如江苏沙集镇转型为“淘宝村”以来，农民的生活条件极大改善，家家户户开汽车，部分网商还在县城买了房子。根据沙集镇政府提供的数据，目前，沙集镇年销售额500万元以上的网商有280家，1 000万元以上的网商有30家，2 000万元以上的网商有3家。

（二）促进农村经济发展

以“淘宝村”为代表的农产品电子商务，将改变传统的经济空间布局，让农村及经济欠发达地区有机会以较低的成本加入大规模协同价值网络，直接对接全国和全球大市场，发展商业、制造业和服务业。“淘宝村”产业形成之后，服务业随之兴起，包括包装、配件、物流快递、代运营、培训等，形成由电子商务驱动的地方特色产业的新生态，带来大量就业机会，进而形成良性循环的商业生态。

（三）拉动农村就业和创业，提升农民幸福指数

在淘宝网数百万卖家中，有近一半为农村户口，其中，有15%的人只有初中以下教育水平。从工作状态来看，只经营网店的农业户口群体比重高于非农商户。从收入重要性看，农业户口商户将淘宝收入作为主要或者唯一收入来源的比重也高于非农商户。显然，来自农村地区的卖家已经将淘宝网作为实现就业的一个重要平台。

全国已有的20个“淘宝村”，涵盖1.5万家淘宝店，按照农村淘宝店由单个家庭经营、每个农村家庭人口4人计算，“淘宝村”共实现了6万人的直接就业，并且带来了物流快递、包装等服务业的大量间接就业。

农民通过电子商务实现了返乡创业和就业，对于提升农民幸福指数有巨大作用。农民工大量进城，带来了严重的农村空巢问题，如老人赡养、儿童教育等，而这些问题在“淘宝村”则迎刃而解。“淘宝村”不仅吸引了外出打工的农民工回乡，日益明显的人才缺口还吸引了外地人来农村就业。同时，“淘宝村”的治安状况也有明显好转，根据沙集镇派出所的数据，2008年以后，当地的治安事件发生率呈现明显下降趋势。

（四）促进城乡一体化

党的十八大报告指出，推动城乡发展一体化是解决“三农”问题的根本途径，要加大统筹城乡发展力度，增强农村发展活力，逐步缩小城乡差距，促进城乡共同繁荣。信息时代，新型城镇化的关键之一是从以中心城市为核心的集中式城镇化路径与模式，转变为以小城镇为中心的分布式城镇化路径与模式。电子商务在农村的应用，促进了农民返乡创业和就近就业，带动了当地经济和社会的发展，使一些传统乡村显现出小城镇的雏形。

众多“淘宝村”的案例说明，农村并不一定要等到工业化完成才可以信息化，而是可以采取以信息化带动工业化的方式，快速发展农村经济，推进城镇化和城乡一体化。

第四章　农产品电子商务平台构建

【案例导入】

吐鲁番哈密瓜网上卖“火”了

“三农”直通车综合报道：“从今天10时到24时，我们在网上售出哈密瓜1万多个，成交金额60万元以上。”6月10日晚，在吐鲁番皇家瓜园农业发展有限公司，新疆歆器文化传播有限公司总经理曹×高兴地告诉记者。

根据他的指点，记者点开了一个淘宝网店铺，看到显示一个吐鲁番哈密瓜网上售价为109元至169元，而且成交量很高。他说，这些瓜是吐鲁番哈密瓜精品中的精品，每个哈密瓜都有条形码，都是严格按照标准化生产的有机农产品，外观匀称、美观，没有裂纹，糖度在15度以上。公司给农民开出的收购价是每千克20元，一个哈密瓜收购价都在40元左右，农民得了实惠。

为了突破传统营销模式的瓶颈，拓宽销售渠道，深化品牌效应，挖掘新兴市场，让农民得到实实在在的实惠，曹×等人在与哈密瓜种植户、科技工作者、政府主管部门建立起协作联盟后，以占据国内电子商务80%市场份额的电子交易平台“淘宝网”为基础，开设网店，搭上了哈密瓜电子商务的快车。

第一节　农产品电子商务平台模式

电子商务是和传统的商务形式相对应的一种全新商业模式。从商业角度来看，电子商务包含有B2B、B2C以及C2B、020等多种电子商务模式类型。本节将对B2B、B2C运行下的通用模式进行阐述。

一、B2B模式

企业与企业之间的电子商务（Business to Business，B2B），简称B2B模式，B2B电子商务是电子商务的主流模式。第三方B2B电子商务交易平台，即平台本身不参与企业交易，而是为交易活动中买卖双方企业提供信息发布、贸易磋商或在线交易服务的平台供应商。整体而言，B2B电子商务平台为企业所提供的主要是信息服务和交易服务。对于农产品生产加工企业可直接依托第三方B2B平台实施农产品的电子商务。该平台依托第三方，故作为农产品销售企业而言，应侧重于营销策略等建设内容。

B2B的电子商务模式反映的是企业与企业之间通过专用网络或者互联网进行数据信息传递，开展商务活动的运行模式，主要包括企业与其供应商之间的采购；物料管理人员与仓储、物流公司的业务协调；销售部门与其产品批发商、零售商之间的协调等。

从全球电子商务市场交易份额看，B2B模式占电子商务80%以上的份额，是电子商务的主流业务模式。B2B电子商务通过互联网将企业与供应链上下游紧密结合起来，实现无缝的业务流程网络和协作机制，通过网络的快速反应，为客户提供更好的服务，从而促进企业的业务发展，大幅度提升企业的生产和经营效率。

农产品销售电子商务网站的建立、应用和日常维护，对于资金丰厚的农业企业而言，是一笔日常的投资，但对于刚刚起步的小公司、小企业或者单个的农户而言却有些遥不可及。因此需要互联网企业、政府网站，或者合作组织等第三方组织为其提供一个展示的舞台，充分利用这个第三方农产品销售平台，实现自己产品的网上信息传递和销售。

第三方农产品销售电子商务平台可以按照以下分类：

1. 政府部门建立的农业电子商务网站

（1）综合类政府电子商务网站。中国农业信息网（http：//www.agri.gov.cn）（图4-1），是由农业农村部主办的政府网站，是为“三农”提供信息服务的重要载体和推进农业信息化的重要依托，涉及了众多农业信息要点，涵盖了农业的各个方面。

中国农业信息网是由多网站组合而成的，每个版块可以看成是相对独立的网站。例如，点击纵向专业网站版块，链接到的每一个站点都是独立的部门网站，种植业的网站网址是http：//www.zzys.agri.gov.cn（中国种植业信息网）；乡镇企业的网址是http：//www.cte.gov.cn（中国乡镇企业信息网）；农产品供求链接到的是http：//www.agrisd.gov.cn（中国农产品供求信息网）等。在这些版块链接中，着重介绍的是本行业的政策动向、存在问题、突出成就以及形势预测等。中国农业信息网提供的网站链接还有按省区市划分的各地区级政府部门网站，突出了综合性农业网站的特点，为访问者提供了尽可能多的可链接网站。横向版块主要是农业农村部公布的部分统计数字、市场行情、分析预测、政府的日常工作、信访、价格走向等，为访问者提供基本的信息参考。

图4-1　中国农业信息网主页

（2）专业类政府电子商务网站。与综合类网站侧重不同，专业性网站设计面窄，仅限于研究本领域内的生产、销售情况，从而能够做到专业性强、重点突出、信息更新快速、信息有效性高等。

中国寿光蔬菜网（http：//www.shucai001.com）建立于2008年，是山东省寿光市科协主办的蔬菜行业技术权威网站，也是一家面向全球提供蔬菜产品的大型B2B贸易平台，涵盖了蔬菜产品供求、行业资讯、技术服务、专业会展等网络信息，进而引领农业信息化、服务农业产业。中国寿光蔬菜网采用的是会员模式，只有会员才能享受发布供求信息的服务。该网也为会员设定了会员等级和指数评价，用来评价会员信用的高低。

2. 互联网企业型第三方电子商务平台

（1）阿里巴巴网。阿里巴巴是B2B型商务平台，所从事交易的双方多是有规模的中小企业，较之分散产品生产，阿里巴巴的农产品销售者也可以是组织起来的合作社、联合的市场等。它们在应季产品上市时出现，在某产品销售结束时解散，能够在特定时间里有效地利用有限的资源，合理地利用第三方的优势，提升自己的价值。值得一提的是，阿里巴巴为用户提供了比较友好的界面，稍有计算机知识的人就可以实现农产品的信息发布和网上交易，交易流程分为注册—发布信息—达成订单—交易支付—物流配送—交易完成。

阿里巴巴提供的网上交易版块有工业品、消费品、原材料、商业服务。在原材料中设立了农业、粮食、蔬菜、瓜果、牲畜、水产品等部分，不仅包含农业机械，也有生鲜农产品的销售。阿里巴巴网站上提供的供求信息大都是批量销售，而且直接对产品进行标价，可以实现农产品的网上支付实时购买。

阿里巴巴所独有的阿里旺旺网上互动工具，为有意向的交易双方提供了免费的洽谈工具，只要用户下载阿里旺旺，恰巧对方同时在线，交流就可以开始，极大地节省了成本和时间。

阿里巴巴与多家银行联合开通了支付宝支付工具。支付宝是一种付款方式，先验货后付款，支付宝在网上交易中起到了信用中介的作用。通过支付宝交易，货到付款与款到发货，同时兼顾，降低风险。卖家在发布商品时选择支持支付宝付款，卖家在收到支付宝收款通知后，及时给买家发货，支付宝打款给卖家，交易成功。在用支付宝完成交易的过程中，货款交给了买卖双方共同信任的第三方银行机构，在卖家收到银行的收款通知后发货，如果买家没打款则不发货，如果买家觉得需要退换货，只需要通知支付宝延迟或者拒绝支付，待与卖家达成一致时再付款，这种第三方支付的方式较好地保护了买卖双方的利益，保证了电子商务的顺利实施。此外，阿里巴巴提供的收费服务的诚信通会员，较之普通会员提供更新更好的服务。

（2）淘宝网。淘宝网是阿里巴巴网为方便个人用户上网而设立的第三方网上交易平台，侧重于小批量商品销售。淘宝网延续了阿里巴巴网的优势业务，开展个人对个人的电子商务，同时也为个人闲置的物品二手交易提供了市场。

淘宝网采用会员制，只对注册会员提供交易服务，对交易的物品称“宝贝”。淘宝网提供第三方支付工具——支付宝帮助交易双方完成交易，提高网上交易的信用度。

为了让交易双方更加方便快捷地进行网上交易，淘宝网提供了即时交易沟通工具——淘宝旺旺。淘宝网具备留言管理、站内信息、淘宝社区等非实时的会员交流、协商方式等功能。

非淘宝会员进入淘宝网仅限于浏览淘宝电子商铺和商品以及使用淘宝网的搜

索工具进行搜索。淘宝网的注册认证机制是用户通过虚拟的会员名、E-mail进行注册，填写信息、激活账号即可注册成功。为了防止程序恶意注册，设定了校验码程序。激活程序有两种方法：E-mail和手机（一个手机号只能激活一个用户账号）。用激活的用户账号登录到“我的淘宝”网页，就可以选择购买宝贝了，还可以发布求购信息让卖家找上门来。

对于卖家则要求通过认证，并发布宝贝货品。淘宝网为卖家提供电子商铺主页、橱窗位等供商品展示。卖家发布商品，可以根据其信用情况采用一口价、单件拍卖等方式，并可管理“红包”（用于支付宝交易中的虚拟优惠券，由发红包的卖家负担）。

淘宝网实名认证。登录淘宝网，在“我的淘宝”下点击“实名认证”，进入认证申请页面，会出现选择框“个人认证”和“商家认证”。填写所需资料，并提供在有效期内的证件（有效期三个月内的证件不予受理）和固定电话登记。未满18周岁不可以成为淘宝网的认证会员。通过认证的会员不允许修改真实姓名和身份证号。提交证件有两种方式：电子版身份证照片，传统模式传真和信件方式。个人认证可用证件：身份证、护照、驾照、军官证、户籍证明（户籍证明必须原件邮寄）；香港、澳门会员需提供回乡证；台湾会员需出具台胞证及大陆担保人身份证明，同时须提供大陆担保人联系电话；非中华人民共和国证件的会员，必须有国内的担保人同时上传身份证明和联系电话。

商家认证是指对具有法人资格的商家所进行的认证。商家认证需提供有效身份证件、公司营业执照、授权委托书。商家必须保证在淘宝网上出售的商品与营业执照中的经营范围一致，否则淘宝网有权追究责任。淘宝网与全国公安部门下属身份证查询中心合作，将认证资料交由国家有关部门进行核对认证，并进行固定电话审核。验证需三个工作日，并以站内信件、电子邮件或者电话通知结果。

淘宝网对商品和交易的管理。淘宝建立投诉机制，对炒作信用度、哄抬价格、知识产权之商标侵权、销售行为侵权、外观设计侵权、著作侵权等行为进行自律。如果会员被投诉或者被举报信用炒作，该被投诉或举报会员应提供相应的凭证证实自己的交易是真实有效的，以供淘宝核实；如果被举报方出具虚假伪造的凭证，一经查实，淘宝有权查封其电子商铺。淘宝网要求买家尽量使用淘宝旺旺与卖家进行联系，只有淘宝旺旺上的聊天记录截图才能作为发起诉讼时的有效证据。淘宝网发布了禁止和限制交易物品管理规则、商品价格、邮费不符商品管理规则、信用炒作商品管理规则、严重放错类目商品管理规则、乱用关键字商品管理规则、无图片商品管理规则、商品管理临时规则等自律规则。

淘宝网用户使用支付宝交易流程。买家在淘宝网上找到喜欢的宝贝，点击“立即购买”，输入购买的数量、选择运送方式、校验代码、选择收货地址；确认无误后点击“确认无误，购买”；核对拍下的宝贝信息；确认无误后选择付款方式；选用“购物车”程序进行购买。买家拍下后，卖家可以在已卖出的商品中看到交易状态为“等待买家付款”，在买家付款前，双方可以用淘宝旺旺、站内信件、E-mail等各种实时或非实时工具进行协商。卖家还可以进入支付宝交易管理，重新调整物流的承运商和调整给买家的折扣，找到需要修改的商品的价格，点击“修改交易价格”，可选择修改物流承运商和调整给买家的折扣。一旦修改成功，系统会发送一封包含本次交易信息修改内容的邮件给买家确认。当买家付款到支付宝后，系统会通知卖家发货。卖家可以自己找物流承运商发货，核对交易信息无误后，输入承运公司的名称和承运单号码，点击“确认发货”。卖家可以选择支付宝推荐的物流承运商发货，核对交易信息无误后，输入物流来上门取货的时间及取货地址，点击“通知物流公司上门取货”，系统会根据物流公司的反馈主动确认已发货，买家看到的交易状态就会变为“卖家已发货，等待买家确认”。如果系统没有自动确认已发货，卖家可以在“交易管理”中查询本次交易，填入承运单号码，点击“确认发货”。完成发货，系统会发送一封包含发货相关物流信息的邮件给买家。买家确认收到货后，交易状态会显示为“交易成功”，支付宝会将钱打入卖家的“支付宝账户”。如果交易双方相当信任，可以发起“即时到账交易”，在买家完成付款后直接到达卖家的“支付宝账户”中。此交易过程不受“支付宝交易”保护，交易风险自担。

3. 合作组织、联盟型、地区性电子商务网站

相对于政府出资兴建的农业综合性或者专业性电子商务网站、大型企业兴建的第三方农业电子商务平台，合作组织或者联盟型的电子商务组合更能够与广大农产品生产者相结合，从种植、生产到销售等过程对生产进行指导。

以北京市密鑫农业发展有限公司（http：//www.mixlnnongye.com.cn/）为例，该公司始建于2014年，是以家禽蛋类、蔬菜生产、土特产销售为主的企业，以提供安全食品为己任，由地处国家级生态县、国际绿色休闲之都密云水库上游的三家种植与养殖专业合作社，紧密地结合在一起，组建的集密云农副产品产销一体的合作社联

盟组织。该公司由三家核心成员组成，分别为北京密清源养殖专业合作社：持有注册商标“密清苑”，主要出产乳酸菌生态蛋、水库鱼等；北京绿润福源农产品产销专业合作社：国家级绿色蔬菜种植基地，主要出产绿色蔬菜、水果；北京裕民顺合作社：主要出产板栗、红果、核桃、杂粮、蜂蜜、散养土鸡蛋等农副产品。

该合作社的网站口号是“健康生活，密鑫相伴”。该网站分为首页、公司简介、最新动态、产品展示、人才招聘、留言板等，涉及的农产品大多是按季节销售，基本实现了网上的实时交易。北京密鑫农业发展有限公司网站代表规模化专业合作社进行网上交易，降低了合作社产品滞销的风险。同时该网站又链接到北京密云官方农产品销售系统，在一个更大的第三方电子商务平台上，提高了信息传播的覆盖面。

4. 农户和涉农企业如何选择交易模式

农户和涉农企业如何从第三方农产品销售电子商务平台中选择适合自己的模式，至少应考虑：

（1）政府部门综合类网站。适合发布产品的供求信息，进行宣传，特点更新速度较慢，可以长时间进行产品的宣传；一般收费较低或者不收费。

（2）淘宝、易趣、阿里巴巴等综合类电子商务网站。直接进行网上交易，产品在线销售；一般收费较高，其服务相对较周到；适合经营多种产品。

（3）专业化电子商务平台。适合经营品种单一的农产品。

综上所述，B2B电子商务平台是由第三方电子商务服务企业建立的一个通过互联网进行产品、服务和信息的交换平台。中小涉农企业以会员方式加入第三方B2B电子商务平台，就可以方便快捷地进行商业信息的发布和收集、农产品的推广、在线洽谈和交易等各类电子商务活动。第三方B2B电子商务平台是中小涉农企业网络营销的主要渠道，其优点是技术力量要求低，资金投入较小，交易安全，而且借助第三方平台的商业聚集效应，能获得更多的浏览量，帮助企业快速成长、树立品牌。

二、B2C模式

企业对消费者（Business to Consumer）的电子商务，指的是企业和消费者之间进行的电子商务活动。这类电子商务的产生借助于互联网所开展的在线式销售活动。

随着网络信息技术的飞速发展，互联网蕴藏的商机已被越来越多的企业接受和看好，而B2C电子商城就是企业拓展经营渠道的一种良好方式。农产品生产加工企业通过自主研发或委托第三方科技公司为其量身定做电子商务平台。基于计算机网络技术和电子商务平台技术的农产品交易平台，将会成为传统农产品交易市场的一个延伸，也会让当前网络环境的农资信息得到共享。例如，在互联网上目前已出现许多大型超级市场，所出售的产品涉及面广，从食品、饮料到电脑、汽车等一应俱全。

第二节　相关技术介绍

一、数据库技术

（一）SQL Server 2005简介

SQL Server 2005是业界公认出色的数据库管理系统，其拥有科学的处理机制与工具，能够轻松实现针对数据库的操作，拥有报表、集成、分析与通知等诸多功能，也是其数据库解决方案的核心内容。SQL Server 2005数据库可以为系统程序员、数据库管理员与信息使用者提供处理数据问题的解决方案，从而帮助用户掌握有关的数据和信息。

（二）ADO.net数据库访问技术

ADO.net主要功能是实现公开数据的访问控制与服务非常重要的类。ADO.net是对传统的ADO（ActiveX Data Objects）技术的一项重大革新和突破。由于ADO.net数据库访问技术是在.NET环境下使用的，因此也被称为ADO.net。

二、开发编程语言

当前对大多数网站而言，采用最广泛的动态网页开发语言是ASP（Active Server Pages），JSP（Java Server Pages），PHP（Hypertext Preproeessor）。这三种语言都提供在HTML代码中混合某种程序代码、由语言引擎解释执行程序代码的能力。普通的HTML页面只依赖于Web服务器，而ASP、PHP、JSP页面需要附加的语言引擎分析和执行程序代码，程序代码的执行结果被重新嵌入到HTML代码中，然后一起发送给浏览器。常用的网站开发一般采用的是ASP技术。

Microsoft Active Server Pages即ASP，其实是一套微软开发的服务器端脚本环境，ASP内含于IIS3.O和4.O之中，通过ASP，可以结合HTMI、网页、ASP指令和ActiveX元件建立动态、交互且高效的Web服务器应用程序。有了ASP就不必担心客户的浏览器是否能运行编写的代码，因为所有的程序都将在服务器端执行，包括所有嵌在普通HTMIL中的脚本程序。当程序执行完毕后，服务器仅将执行的结果返回给客户浏览器，这样减轻了客户端浏览器的负担，大大提高了交互的速度。ASP是由服务器方动态产生的页面，可以调用其他的程序去做如存取数据库之类的事情，也能根据不同的浏览器类型给出不同的结果，ASP利用多线程结构的优点就像编写本机应用程序一样高效。

在微软站点上对于ASP的权威定义是："Active Server Pages是一种开放式的非编译应用环境，使你能够组合HTML，Scripts和可重用的ActiveX服务器组件来建立动态的、强大的基于Web的商业应用。Active Server Pages支持基于IIS上的服务器端脚本并且完全支持VB Script和Jscript。"ASP本身并不是一种脚本语言，它只是提供了一种使嵌入在HTML页面中的脚本程序得以运行的环境。ASP程序是以扩展名为．asp的纯文本形式存在Web服务器上的，可以用任何文本编辑器打开，ASP程序中可以包含纯文本、HTML标记以及脚本命令，只需将．asp程序放在Web服务器的虚拟目录下（该目录必须要有可执行权限），就可以通过www的方式访问ASP程序。ASP属于一种"开放技术框架"，无须使用微软的产品就能编写其代码（虽然使用微软产品仍是最好的方法）。如今越来越多的人开始选择使用ASP，是因为其能以最小的代价利用COM和DCOM（组件对象模型和分布式组件模型）对象的优势，节省大量的开发时间。

三、应用服务器

在销售系统的开发中，Web服务器平台的选择也显得尤为重要，包括操作系统的选择和应用软件的选择，而网页服务器软件通常又决定了采用什么样的操作系统。一台好的Web服务器决定了电子商城系统的稳定性、安全性和对客户服务的能力。所以正确地选择产品以及选择程序设计就显得尤为重要。常见的Web服务器通常分为UNIX和LINUX平台，最广泛的免费HTTP服务器有W3C、NCSA和APACHE服务器，而对于Windows平台NT、2000、2003使用IIS的Web服务器。

Microsoft的Web服务器产品简称IIS，IIS是允许在Intranet上发布商品信息的Web服务器，通俗上讲，就是一个可发布网页的应用型平台。IIS是目前程序员常使用的Web服务器之一，许多著名的网站都是建立在IIS的平台上。IIS还提供了一个图形界面的管理工具，称为Internet服务管理器，常用于监视配置和控制服务；IIS还包含着Web服务器、FTP传送服务器、邮件服务器和NNTP服务器，分别用于网页预览、文件的传输、POP3邮件服务器和新闻服务器等方面。基于以上情况，才使得产品发布简单，易于操作。

第三节　基于B2C的农产品电子商务平台建设

目前，我国农产品发展的关键问题就在于如何促使农产品顺利快速流通，提升国内农业的整体效益，因此，建立健全具有高效率的全新的农产品流通与交易信息的框架和模式成为当务之急。只有这样才能大大缩减流通中间环节，从而避免整个的交易中高附加成本问题，使得农产品的整体效益提升，基于B2C模式的农产品电子商务平台应运而生。

一、农产品电子商务平台建设意义

农产品电子商务平台，是指运用互联网、多媒体与多计算机终端等现代化信息通信技术，将现实中的农产品购买销售以及支付等业务运用到互联网终端上进行操作。通过建立农产品电子商务平台，可以把生产中的各个环节合理结合在一起，使涉农生产企业及时掌握市场信息，加速农产品的流通。这样才能使农业交易链商务化、数字化、网络化。

涉农企业应当利用当前的计算机技术，通过不断开发新应用系统、扩展现有应用程序的方式来支撑其现有的业务需求，促进企业销售系统的发展。建立适合自己的网络销售系统，促进农产品的网上销售，实现企业在网络平台上的新发展。农产品电子商务平台建立需要立足于企业销售网络的发展，通过对农产品销售部门的实地调研，了解农产品在网络销售过程中对于系统的性能需求、业务需求以及功能上的需求等相关信息。

二、农产品电子商务平台建设原则

农产品电子商务平台利用Web技术，将服务器端和客户端有机地联系在一起。设计者运用开发的程序和设计的页面，实现平台上农产品的展示、销售、管理、信誉评价和存在的不足，从而不仅拓展了销售渠道，还为生产加工提供了有力的指导。

农产品电子商务平台建设一般需要遵循几个原则：

（1）独特的首页设计。能够吸引住消费者浏览网页的注意力，整个页面要能够突出重点（例如网站最近开展的促销活动内容等）、信息丰富。

（2）网站功能强大且易操作，建立友好的人机交互界面，可操作性强，尽量避免复杂的、多余的链接。

（3）网站运行设备的保证能够满足多人同时在线的需求，网页打开响应时间短，用户操作流畅，避免出现长时间打不打开网页的情况。

（4）所陈列的商品信息应当全面直观，最好是图文并茂，商品的图片不应当过于单一，应该同时列出商品的全景图。细节放大图，图像要修剪清楚，商品介绍文字简洁醒目，能够提供商品的关键信息以供用户参考。

（5）详细的商品查询和搜索功能，进行多次查询搜索。消费者可以先通过关键字或者网站自带的商品分类搜索大类的产品，再通过同类产品所具有的具体属性进行进一步的细分，以缩小搜索的范围，搜索的结果应当清晰，且能给用户提供多种不同的排列方式，便于用户查找到适合自己的商品。

（6）网站需要提供详细的购物流程介绍，从浏览商品到购买结账，各个步骤之间的联系最好能以图例来说明。

（7）具备在线客服的功能，能够随时提供在线咨询，即使没有人工在线咨询员，也应当将常见的问题归纳整理在一起以供用户查看。

（8）网站的管理员能够通过网站后台管理系统对用户信息进行核查、保存和管理，为客户提供及时有效的解决方案。

（9）建立订单管理系统，用以查看和统计用户的购买情况，了解商品的物流信息，为用户提供完善的售后服务。

（10）平台具有可持续拓展性。适时提供平台建立后期维护升级服务，对平台进行修改，这也就要求网站必须具备二次开发功能。

三、农产品电子商务平台系统设计

（一）系统设计原则

系统设计关系到整个系统实现的有效性，其目的是设计出一个能够实施的最佳方案，建立系统的物理模型。为了更好地建模，系统设计必须遵守以下原则：

（1）先进性原则。系统的功能模块设计、技术方案和研究路线，尽量采用目前世界上流行的，充分利用前沿技术，满足用户需求。

（2）易操作性原则。系统必须采用友好美观的界面设计，自动化处理相关复杂业务，减轻用户的负担。

（3）安全性原则。采用加密手段对密码进行加密，对用户进行权限的设计，注册时需要邮件激活方可，最大限度地提高系统安全性。

（4）完整性、规范化原则。对于所有的业务要求能够实时快速地响应，相关数据处理必须完整，业务流程的设计要求规范化，结合实际，增强可操作性。

（5）可扩展性原则。设计时，需要考虑未来的发展需要，要尽可能地使得各功能、模块不重复、不冲突，分开处理。

（二）系统开发需求分析

（1）涉农企业业务组织结构。涉农企业销售系统组织结构一般可划分为：公司经理、客服部门、运营部门、信息部门、仓库部门、财务部门。公司经理负责平台的日常事务，统领各部门工作正常有序地进行。其企业组织结构如图4–2所示。

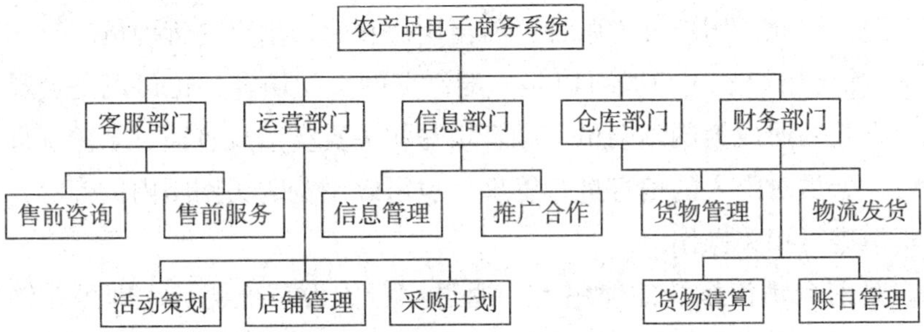

图4–2　企业组织结构图

客服部门：分售前和售后两种服务，售前负责与顾客交流，介绍农产品的性能特色等。售后服务解决顾客的产品质量或其他问题，免除顾客的一切后顾之忧。

运营部门：负责整个平台的活动策划、平台管理、采购计划、制订平台工作计划等。

信息部门：负责整个平台的信息添加、信息管理以及信息维护等，另外也负责外部推广工作。

仓库部门：负责整个平台的货物管理和物流工作，确保公司的货物正常地发出和回收，保证不丢失等问题，同时针对仓库货物管理制订详细的工作制度和管理工作。

（2）业务定义分析。

消费者：使用平台实现购物的要求，对购物车和订单进行管理，并通过平台完成网上一系列交易。注册用户通过客户端进行登录后，可进行有权限的管理资料查看、购物车管理、订单管理、发表评论管理等。在购物车管理中可查看商品、进行订单查询、商品添加到购物车、删除商品订单信息。在订单管理中，可查看历史的订单信息、添加订单信息，以及提交订单的详细信息。

平台管理员：对所有的顾客进行管理和维护，以及对所有购物情况进行管理。管理员可通过客户端管理平台进行系统管理、订单管理、商品管理、评论管理等操作。在商品管理中可进行修改前台商品信息和删除商品信息以及添加某个新产品信息。在评论管理中可查看某条商品的评论和删除评论。

线下仓库管理员：负责货物的配送和仓库货物管理工作，同时负责货物的查件、货物丢失查询等。

在线客服：负责在线咨询与售后服务工作，售后服务主要为顾客妥善处理相关问题。

（3）功能组成。平台包含会员和管理员两种类型，分为前台销售系统和后台管理系统，因此，用户分为两种：前台用户和后台用户的管理员。

（4）前台用户。用户既可以是一般浏览网页的访客，也可以是会员，若需要购物，则要注册成为网站会员。顾客填写相关真实信息且通过了验证即成为会员，此时，会员对个人的信息进行管理，也可以浏览购买网站内的商品，还可以在购物车中进行相关操作。

用户是前台销售系统的使用者，通过注册成为系统会员，即可在销售平台购买商品。用户的操作包括：注册和登录、个人信息修改与查询、浏览和购买商品、查看商城信息等。主要功能如下：

①用户注册。用户填写相关信息，通过验证后才可注册成功成为会员。其中E-mail是比较重要的，因为需要对这些信息进行处理，以方便用户的付款和邮购。一般情况下，需要通过邮箱激活后才可以进行消费。没有激活的用户，是不能成功注册的。

②用户个人中心。会员可以对个人的信息进行管理，如个人昵称、真实姓名和身份证号、联系电话、家庭住址等信息。

③浏览和检索商品。当顾客或会员进入到商城系统页面时，可以根据商品的分类进行商品的浏览，并且可以查看每件商品的详细信息。

④购买和评价商品。当会员想要购买商品时，可以先加入到购物车，当选购完所有商品时，在购物车中一起结算总金额，期间也可以转到购买页面。用户在收到货后，通过一段时间的使用，可以将使用心得在商品评价功能中反馈给商城

系统。

⑤订单处理。在购物车付款后，需要将收货人信息填写完整，提交后形成订单。会员也可通过一定的查询条件，如下单人姓名或订单号，来查询订单信息，可以实时地关注订单的状态。

⑥信息查看。消费者登录到系统页面时，可以查看商城的一些信息，如查看商城的展示商品，以便了解商城的一些活动和相关的说明。消费者还可以通过友情链接快速地跳转到相关的网站中。可以查看系统页面底部的版权声明信息和相关的商城联系方式等。系统客户端子系统如图4–3所示。

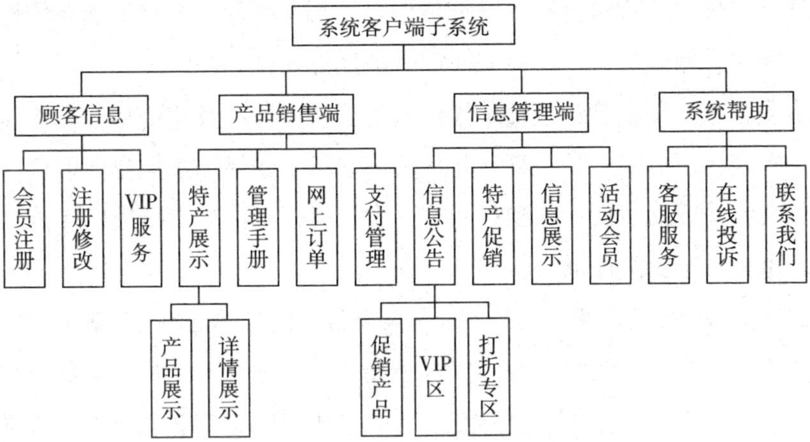

图4–3　系统客户端子系统

电子商务网站的前台主要包括以下模块：登录模块、会员信息模块、商品显示模块、购物车模块、收银台模块等（图4–4）。

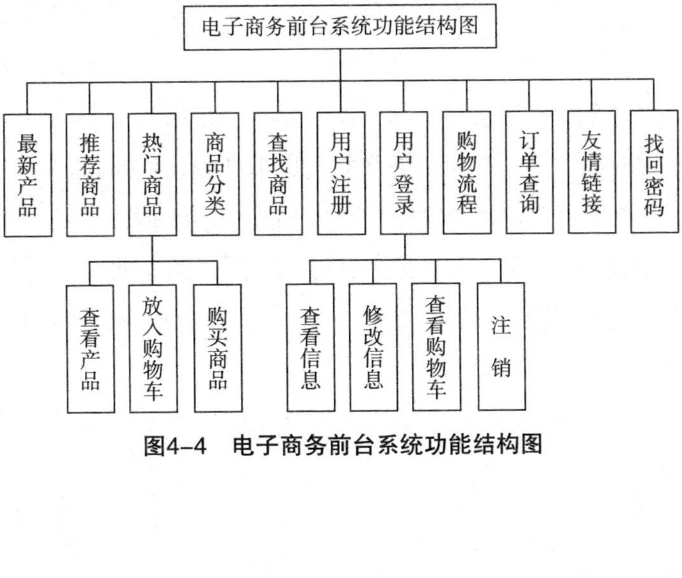

图4–4　电子商务前台系统功能结构图

（5）后台管理员。管理员可以增加、修改和删除商品信息，添加商品的种类；可以对用户的信息和用户的留言进行管理；可以查询和编辑订单，实时记录商品的状态；可以查询和编辑商城的公告，以及用户对商品的评论等。

①用户管理。用户指的是前台已经注册了的用户，以及管理员自身。管理员可以查看所有用户的信息，也可以对用户的状态进行更改，可以删除会员信息，对于会员的留言也可以进行管理，即可以查看和删除相应的用户留言。同时，管理员还要可以更改自己的账户信息，如修改密码。

②订单管理。管理员可以查看订单金额、下单时间、收货地址等信息，根据相关信息提醒仓库发货，可以根据一定的条件查询订单等。

③信息管理。信息管理主要是指商城的公告管理以及评论管理。管理员可以在后台查看前台所有的公告信息，并且可以编辑、删除和添加公告信息。用户在购买了本商城的商品之后，收到货物看到实物后，可以对商品进行评价，管理员可以在后台查看会员的评论。

后台系统是网站管理员对商品、会员及公告等信息进行统一管理的场所，主要包括以下功能：①类别管理：对商品类别的添加、修改及删除操作；②商品管理：对商品的添加、修改、删除及订单处理；③用户管理：管理员管理和会员管理；④公告管理：公告的添加及删除操作；⑤链接管理：添加、修改及删除友情链接。

（三）系统非功能需求

非功能需求是针对功能需求而提出来的，功能需求指的是一个系统必须具备的功能，是用户能够看得见、可以操作的功能。非功能需求则是为了提高系统的性能，如系统必须能够安全使用，便于维护，能够节约开发成本，系统运行要具有高效性等。针对本系统的实际使用情况，其非功能需求如下：

（1）保密性需求。用户信息涉及个人真实姓名、E-mail、手机号等相关重要隐秘信息，系统要求必须具有良好的保密措施，防止泄密。

（2）安全可靠性需求。会员在交易时，需要付款，此时必须保证付款时会员的账号和密码信息不能被窃取，超过一定时间未在系统进行操作则必须重新登录，从而提高交易信息的安全性。

（3）操作界面的需求。一个简洁大方的操作界面才能吸引消费者的眼光，方便快捷的操作方式能够让用户赏心悦目，标准化、规范化、人性化的界面设计是增加系统友好性的重要前提。

（4）高效的交互响应需求。高效的响应速率是一个优良系统的重要指标，用户在对系统进行操作时，交互响应速率越快，则会感到越舒心，从而能够增加商品的销量。

（5）性能需求。用户在进入系统时，要求占用的资源少，所有的商品都已经按规定类型布局，要求功能的易操作性和对运行环境的约束要求。

（6）便于后期的维护和升级需求。使用当今较为流行的编程语言和相关技术，将源码封装保留接口，采用规范化的技术标准书写开发文档有利于系统的维护和升级工作。

（四）系统数据库设计

数据库是一个系统的灵魂，是用来组织、描述和储存数据的仓库，数据库的设计必须遵守一致性、完整性和高效性等原则。

（1）相关数据分析。会员信息：包括编号、用户名、密码、E-mail、身份证号、联系电话、QQ、密码提示、密码答案、邮编、注册时间、真实姓名等属性。

商品信息：包括编号、名称、上市时间、添加时间、型号、图片、库存、销售、商品类型、会员价、市场价、是否打折等属性。

商品订单信息：包括编号、订单号、商品ID、数量、单价、打折率、收货人姓名、收货地址、邮编、联系电话、E-mail、收货方式、支付方式、订单时间、发货人姓名、状态、价格总计等属性。

商品评价信息：包括编号、用户编号、商品编号、评价内容、评价时间等属性。

（2）数据库逻辑结构设计。逻辑结构设计包括关系模型设计、实体规范化等基本工作，进而对数据进行采集、分类、录入、储存、分析等一系列活动。数据库的逻辑设计与相关平台和工具无关，虽然不用考虑系统与环境的相关性问题，但必须在相关的一定的理论指导和约束条件下规范（表4-1）。

表4-1　系统数据结构用例

实　体	对应在数据库的报名
用户信息	d_user
商品信息	d_product
订单信息	d_order

续表

实 体	对应在数据库的报名
地址	d_address
购物车信息	d_item
商品分类	d_category
分类与商品对应表	d_category-product
管理员信息	d_admin

（3）数据库物理结构设计。数据库的物理结构设计是指为已定的数据库模型确定合理的数据库表关系以及相关表字段的设计，并分配储存空间。该阶段的设计必须与实际的软件相结合，根据逻辑结构设计的要求实现最优化的物理结构参数。

值得说明区别的是，功能模块的设计是针对管理员和会员用户对象，进行详细的功能模块的划分；而数据库的设计则是分别从逻辑结构的设计和物理结构的设计两方面进行了阐述，逻辑结构阐明了各表之间的关系，而物理结构则设计了各表的名称和相关的表字段。

四、农产品电子商务平台实现

系统平台实现是指在经过调研、需求分析和系统设计之后，由编码实现的开发设计过程。

（一）系统运行环境（表4-2）

表4-2　系统运行基本环境

名 称	数 量	说 明
服务器	1	企业级服务器
个人计算机	1	终端
操作系统Windows7		
数据库MySQL2013		
开发语言．NET		

（1）网络基础设施。电子商务的基础设施主要是指电子商务的网络服务平台。

首先，电子商务系统必须在一定的网络平台上运行。作为电子商务网络平台，一般有互联网、企业内部网、企业外联网和增值网等。

其次，在基于互联网的电子商务系统中，网络平台的服务功能一般由互联网接入服务商（ISP）承担，随着电子商务的发展，近年来也出现了专门为电子商务提供网络服务平台的应用服务提供商（ASP），提供网络空间、信息交流到业务管理等不同层次的电子商务平台。电子商务赖以运行的网络服务平台支撑着商务活动的全过程，涉及电子商务系统的各个角色，因此一个完善的电子商务网络服务平台应具备连接性、协同工作、网络管理和系统管理、过渡策略和技术、多选择性。

接入方式目前主要有两种：一是通过专线接入，建立自己的电子商务平台；二是外购整体网络服务，包括虚拟主机和服务器托管。虚拟主机是使用特殊的软硬件技术把一台计算机主机分成一台台“虚拟”的主机，每一台虚拟主机都具有独立的域名和IP地址，具有完整的Internet服务器功能。在同一台硬件、同一个操作系统上，为多个用户打开不同的服务器程序，互不干扰；而各个用户拥有自己的一部分系统资源，如：IP地址、文件储存空间、内存、CPU等。在外界看来，每一台虚拟主机和一台独立主机的表现完全一样。用户可以利用它来建立完全属于自己的www、FTP和E-mail服务器；服务器托管即利用Internet服务提供商的机架位置建立企业Web服务系统，从而省去用户自行申请通过专线入网。企业主机放置在ISP机房内，由ISP提供必要的维护工作，由企业自己进行主机内部的系统维护及数据的更新。由于Internet服务提供商通过专线接入Internet，网上用户可以通过专线访问被托管的服务器，被托管的服务器由用户自己维护和管理，在服务器运行稳定以后，就可以通过远程登录来维护了。

以上两种形式各有优缺点，适用于不同的用户需求。企业规模较大、资金充足，而且有大量的信息需要和外界交流，那么选择自己建立独立网站，实现农产品销售电子商务的全过程是比较理想的。如果企业资金有限，则可以考虑建立自己的独立网站，实现农产品销售电子商务的部分功能，然后逐步完善，或者利用整体外购网络服务来实现部分农产品销售电子商务的功能。

（2）电子商务的支撑环境。

①电子商务的支付环境。电子支付是电子商务活动的关键环节和重要组成部分，是电子商务能够顺利发展的基础条件。如果没有良好的网上电子支付环境，网上客户只能采用网上订货、网下支付的方式，只能实现较低层次的电子商务应用，这就使得电子商务高效率、低成本的优越性难以发挥，使得电子商务的普及和应用受到限制。在整个电子商务交易过程中，网上金融服务是其中重要的一环，随着电子商务的普及和发展，网上金融服务的内容也发生着巨大的变化。网上金融服务包括了网上购买、网络银行、家庭银行、企业银行、个人理财、网上股票交易、网上保险、网络交税等。所有这些网络金融服务都是通过网络支付或

者电子支付手段实现的。所以，从广义上说，电子支付就是资金或与资金有关的信息通过网络进行交换的行为，普通的电子商务中就表现为消费者、商家、生产企业、中介机构和银行等通过Internet所进行的资金流转，主要通过信用卡、电子支票、数字现金、智能卡等方式来实现。

②电子商务的物流环境。物流是指物质实体从供应者向需求者的物理移动，它由一系列创造时间价值和空间价值的经济活动组成，包括运输、保管、配送、包装、装卸、流通、加工及物流信息处理等多项基本活动。物流对电子商务的作用可以概括为：能够提高电子商务的效率和效益，从而支持电子商务的发展；能够扩大电子商务的市场范围；集成电子商务的商流、信息流与资金流，促使电子商务成为最具竞争力的商务形式；实现电子商务的供应链集成。正是因为物流对电子商务有如此重大的作用，因此，物流、配送体系的完善是电子商务发展必须解决的课题。

③电子商务的信用环境。在电子商务条件下，商务活动都是通过计算机网络进行的，交易双方互相不见面，不签纸面合同、不签字盖章、不用纸质票据，取而代之的是网上沟通、电子合同、数字签名、网上支付。与传统的商务活动相比，商业信用显得更加重要了，因为在电子商务信用体系尚未完善的情况下，交易的一方对交易的另一方是否能够按照约定交易没有把握，甚至害怕上当受骗，这些都极大地限制了电子商务的推广应用，电子商务信用体系的建设对电子商务来说至关重要。电子商务信用环境的建设是一个综合性任务，不是仅仅依靠某一方的努力就能够解决的，这当中有意识问题、有技术和法律问题，也有需要时间让电子商务系统各个角色相互习惯和相互适应的问题。

（二）域名申请和服务器选择

国内域名由中国互联网络信息中心（CNNIC）管理和批准，CNNIC及其代理机构可接受域名注册申请。国际域名由设在美国的Internet信息管理中心管理和批准，InterNIC及其代理机构可接受域名注册申请。目前国内较著名的域名注册代理机构有中国万网（www.net.cn）和中国频道（www.China-Channel.com）等，它们都可以接受国内和国际域名注册申请。

（1）域名。买域名之前需要拟定网址名，再查询是否已被注册。未被注册方可购买。不同后缀的域名价格不同，养殖户网站属于企业型网站，推荐使用.com或.cn后缀。以阿里云网站为例，域名价格49元/首年、104元/2年、159元/3年、269元/5年，因为域名续费价格会比首年高，因此一般推荐购买3年。

（2）服务器（空间）以万网为例。

①按照网站类型、大小、流量，万网配置服务器选择如图4–5所示：

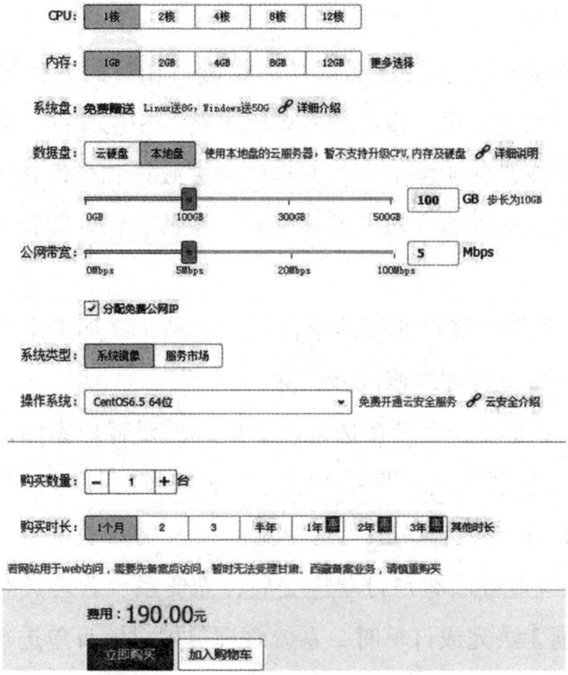

图4–5　服务器配置选择

这种配置价格为98元/月、980元/年、1 638元/2年，服务器续费价格不变，推荐购买1年（980元）。

②如果想要更好的网页体验效果，推荐下图4–6配置的服务器：

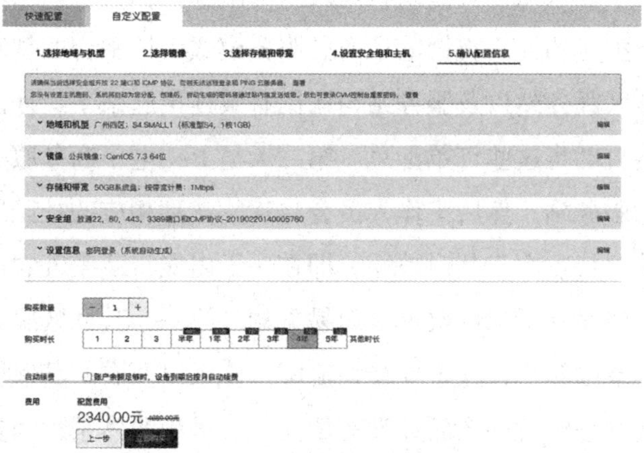

图4–6　服务器优化配置

这种配置价格为210元/月、2 200元/年、3 700元/2年，服务器续费价格不变，推荐购买1年（2 200元）。

（三）实现过程

系统允许客户进行注册，注册成功后可进行相应的购物操作，其中包含搜索、把商品添加到购物车里、修改或者删除购物车中的商品，如果客户对商品满意，则进行下步操作，使用网上支付并提供相关政策和个性化服务。当然也可以采用货到付款方式。如果客户对产品不满意，系统则保留购物车中的商品，不生成系统订单。

（1）购物车业务。客户通过搜索喜欢的商品，添加多个商品到购物车中，对购物车中的商品可进行随时修改和删除。

（2）生成订单业务。客户在选定产品后，需要客户添加订单的详细信息，例如：配送地址、联系方式、联系电话等。客户核对订单信息后就可以提交订单，然后等待管理员审核订单。

（3）订单处理业务。客户订单提交后，需要系统管理员对所订货物进行审核，如果出现问题无法完成订单时，系统管理员可对该订单进行取消；审核完成后可向客户进行发货，并通知客户已经发货。

（4）退货处理。当客户对送到的产品不满意或者发现产品有质量问题时，可进行当场退货处理，并填写退货的理由。

（四）任我在线社区农产品电子商务

2003年成立于北京的任我在线科技发展有限公司，其农产品电子商务模式为线上交易、线下配送的社区直销电子商务服务模式。该平台的创新点在于，其将生产者与各个社区服务站以及服务站与居民有效连接起来了。社区居民在当天下订单，系统将会自动将这些订单汇总。第二天早上，电子商务服务中心将订单货品配送到社区的服务站，然后工作人员会将货物送到相应的社区居民家里。任我在线电子商务主要特点在于其时效性，即在一天内能将蔬菜等农产品送到顾客手中，方便快捷。然而其局限性也是显而易见的。第一，其社区服务目标只针对北京市部分地区，范围较小，这主要受物流配送体系以及农产品保质期和新鲜度的限制；第二，其网络销售的产品并没有依托于质量溯源体系，消费者权益无法得到确切保证（图4–7）。

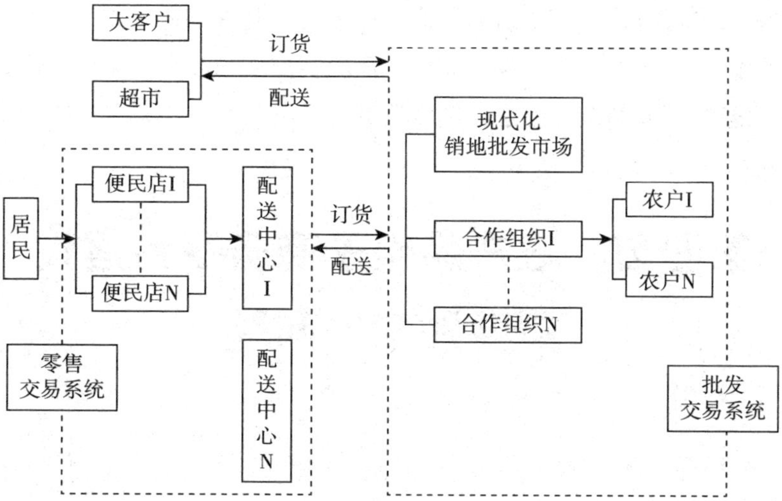

图4-7　任我在线实现过程

五、系统测试

通过软件测试，能够保证软件满足需求设计中所提出的功能和性能要求。具体来说应该达到以下目标：第一，测试已实现的产品是否在功能性方面满足要求，是否符合业务流程；第二，产品是否能够稳定运行；第三，软件的Bug数量是否在可接受的范围之内。

（1）单元测试。单元测试是最小的测试单位，是针对程序模块进行正确性检验的测试工作，由编写代码的不同程序员负责。在单元测试过程中，可以测试的模块包括方法、类、页面等方面。可以说单元测试是最为重要的一个测试环节，如果在这个测试阶段发现并修改错误，将极大地提高软件开发的效率。

黑盒测试的目的在于检查程序的功能是否与需求分析的结论相一致。在测试的过程中我们希望尽可能地进行完备的测试，同时也希望尽可能地减少冗余的测试，于是采取了等价类划分的方法，将程序的输入划分为若干个各自具有代表性的部分，然后从每一个部分中选取少数有代表性的数据作为测试示例进行测试。

（2）集成测试。集成测试是在经过了单元测试之后，将软件系统的各个模块组合起来成为子系统或系统来进行测试的活动。在这个阶段关注的是各个模块之间的接口是否符合设计需求，数据在各个模块之间传递时输入和输出是否与预期的结果一致。

集成测试进行时特别需要引起注意的是，并不是在编码工作基本完成之后才开始集成测试。事实上在概要设计完成之后就需要对概要设计进行静态的集成测试。至于动态的集成测试，则是在单元测试之后进行。

第四节　农产品电子商务平台建设需要注意的问题

一、主目录

主目录个数在总栏目中要占绝对优势，主题突出，容易给人留下深刻印象。可以考虑设置最近更新或网站指南栏目。另外，如果站点经常收到网友关于某方面的问题来信，最好设立一个常见问题回答的栏目，既方便了网友，也可以节约自己更多的资源。

确定网站的目录结构和链接结构。按栏目内容建立子目录。子目录的建立，首先按主菜单栏目建立。其他的次要栏目，类似友情链接等内容较多、需要经常更新的栏目可以建立独立的子目录。而一些相关性强，不需要经常更新的栏目如：关于本站，关于站长，站点经历等可以合并在一个统一的目录下。所有程序一般都存放在特定目录下。

在每个主目录下都建立独立的Images目录。网站的链接结构是指页面之间相互链接的拓扑结构。建立在目录结构基础之上，但可以跨越目录。形象地说，每个页面都是一个固定点，链接则是在两个固定点之间的连线。一个点可以和一个点连接，也可以和多个点连接。更重要的是，这些点并不是分布在一个平面上，而是存在于一个立体的空间中。研究网站的链接结构的目的是：用最少的链接，使得浏览最有效率。一般来说，建立网站的链接结构有两种基本方式：树状链接结构（一对一）和星状链接结构（一对多）。此外，网站导航要清晰。

二、版面布局

布局是一个设计的概念，指在一个限定的面积范围内合理安排、布置图像和文字的位置，把文章、信息按照轻重缓急陈列出来的同时，将页面装饰美化起来。版面布局通常采用T形布局样式，该样式指网页上边和左右两边相结合，页面顶部为横条网站标志和广告条，下方左边为主菜单，右边显示内容的布局，这是网页设计中用得最广泛的一种布局方式。这样布局的优点是，首先人的注意力主要集中在右下方，所以企业想要发布给用户的信息都能被用户以最大可能性获取，其次是页面结构清晰，主次分明，易于使用。

三、平台标志性的中英文名称及标识

除网页内容的收集，实现网上销售种种功能的设计外，更重要的是对网站的外观、布局、风格等进行整体设计。网站CI（企业标志）形象设计通过网站规划阶段的工作，定下了网站主题和目标，接下来就是据此设计网站的CI形象。现实生活中CI策划比比皆是，如：可口可乐的全球统一的标志、色彩和包装，整体地给人们留下了极为深刻的印象。

网站的名称、标志和宣传口号是网站的一面旗帜，是网站CI的最重要体现，也是进行网站CI形象设计的首要一步。网站起名，首先立意要正，即合法、合理、合情。其次简短和响亮是一个好的网站名称的基本要求。网站的宣传口号，也可以说是网站的精神、网站的目标，往往用一句话甚至一个词来高度概括。例如：雀巢的“味道好极了”；Intel的“给你一个奔腾的心”等。此外，名称要有特色，能体现一定的内涵，给浏览者更多的视觉冲击和空间想象力。最后名称要容易记忆。标志的设计创意来自网站的名称和内容。标志可以是中文、英文字母，可以是符号、图案，也可以是动物或者人物。如北京市平谷区双银养殖场网站LOGO，如图4-8所示。整体设计思路：以绿色为主色调，体现其绿色养殖的概念；企业名称以中英文以及拼音三种形式显示，以迎合不同文化层次客户群的认知程度，满足不同消费群的需求；圆形国标，表示养殖产品为鸡蛋；圆形内部，两个形象化企业“双银”的拼音缩写YY，同时Y的左侧以光滑曲线，类似于心形，表示养殖户服务大众的一片真心，两个YY相互衬托体现“双银”的谐音“双赢”，即养殖户提供给消费者安全绿色的鸡蛋产品，同时企业也取得良好的经济效益，达到双赢。

图4-8　LOGO展示

网站风格是指站点的整体形象给浏览者的综合感受。这个整体形象包括：站点的CI、版面布局、浏览方式、交互性、文字、语气、内容价值、存在意义、站点荣誉等诸多因素。应注意几点：使标志LOGO尽可能地出现在每个页面上，或者页眉，或者页脚，或者背景。突出标准色彩，突出标准字体，在关键的标题、菜单、图片里使用统一的标准字体。文字的链接色彩，图片的主色彩、背景色、边框等色彩，尽量使用与标准色彩一致的色彩。一般来说，一个网站的标准色彩不应超过三种，色彩太多会让人觉得眼花缭乱。

四、网站信息结构设计

网站信息结构设计是设计内容在各个网页中散布的组织安排。在动手制作网页前，一定要考虑好网站内容安排的总体结构。具体可以从确定栏目和版块，确定网站的目录结构和链接结构入手。

五、网站栏目设计

栏目就是网站的菜单栏。子栏目既可以像一般菜单栏那样横列在网页上方，网站名的下方；也可以竖列在网站的左列或者右列。和一般菜单不同的是，如果是单击栏目或者子栏目，则会链接到本网站的另一个网页。栏目实质上是一个网站的大纲索引，索引应该将网站的主体明确显示出来。因此，栏目其实就是网站的结构体现，是网站的骨架。

六、网站的内容设计

（1）对称对比布局。采取左右或者上下对称的布局，一半深色，一半浅色，一般用于设计型站点。优点是视觉冲击力强，缺点是将两部分有机结合比较困难。

（2）POP布局。其引自广告术语，就是指页面布局像一张宣传海报，以一张精美图片作为页面的设计中心。常用于时尚类站点。优点是漂亮吸引人，缺点是速度太慢。

七、良好的电子商务网站交互设计与审美

各类电子商务网站随电子商务影响力的逐渐扩大而大量涌现。电子商务网站对企业电子商务发展发挥着举足轻重的作用。网站界面设计是电子商务网站能否

吸引用户注视的关键，好的电子商务网站，其网站的界面设计一定是高水准的，在版式、色彩和内容方面一定是优良的。

电子商务网站界面设计需要正确的审美观、美学理论以及人文理念，电子商务网站界面设计是研究用户对网站功能以及美的需求。电子商务网站不能只注重功能设计，美感也是其不可或缺的元素。电子商务网站界面的视觉元素设计有着自身独特之处，区别于其他的媒体界面。电子商务网站界面的视觉元素：文字、图像、图标、按钮、色彩或者动画等都是围绕网站的功能而进行的设计。除了文字、图像和色彩以外，还包含声音、视频和动画等新兴多媒体元素，使电子商务网站界面更具生动性。

第五章　农产品电商：一个巨大的“风口”

【案例导入】

淘宝网半小时团购75吨海南香蕉

“三农”直通车综合报道：6月以来，海南蕉农卖香蕉难已成为全社会关注的热点话题。进入7月，海南夏蕉又开始大规模上市，面对海南迫在眉睫的“蕉急”，网友们除了关注，其实能做的还有更多。7月8日，淘宝网团购平台“聚划算”发起“聚蕉行动”，联合超市，借助广大淘宝买家的力量，帮助海南蕉农解“燃眉蕉急”。信息发出后，1分钟团出867份，10分钟团出6 000份，20分钟迅速上升到9 000份……在当天淘宝网“聚划算”发起的“聚蕉行动”中，成千上万的网民将关注化为切实的行动，一起团购海南香蕉。30分钟不到，1.3万份、共计75吨海南香蕉团购一空。

此次爱心团购的第一站设在杭州，以网上预售、线下提取的方式进行香蕉团购。购买香蕉券的网友可以凭二维码在当月14—17日到杭州市指定的10个联华超市去提货。这也是国内以本地化方式进行公益团购的首次尝试。随后在北京、上海、广州、深圳、成都、长沙、武汉和宁波八市发动网友爱心团购海南滞销香蕉，让海南不再“蕉”急!

“我们希望通过团购的形式把互联网上的草根力量都汇集起来，以高效和最节约成本的方式，为蕉农做一些力所能及的事情。”淘宝网“聚划算”平台总监慧×表示。

第一节　农产品电商最有价值的三大方向

电子商务的兴起给人们的生活带来了翻天覆地的变化，同时也为整个商业社会注入了更多的新鲜血液，推动商业社会进入了一个新的发展高度。

据统计，2014年“双十一”期间全网单天的交易额就达到了805.11亿元，包裹数量有4.09亿个，在“双十一”活动期间，参与的品牌有3万多个，其中涉农电商平台有3万多家，农产品电商平台有3 000家，但是大多数的农产品电商并没有在这节日期间实现盈利，在农产品电商领域，亏本经营仍是一种比较普遍的现象。

虽然农产品生鲜电商被认为是电商领域最后一块极具开发潜力的领域，但是在实际的运作过程中，那些身先士卒的农产品电商企业由于对这个产业缺乏足够了解，再加上没有找到合适的电商运作模式，多数成了这个领域的牺牲品。北京的“优菜网”和上海的“天鲜配”就是两个农产品电商失败的例子。

一、农产品电商的三大困境

农产品电商，尤其是生鲜电商，更多的是为人们构筑了一个很美的梦，让人们足不出户就可以获取想要的新鲜的水果、蔬菜等生鲜产品。而且农产品电商的未来一直是被普遍认可的，但是事实上，农产品电商在实际的运作中却面临了很多难以跨越的鸿沟。

1. 缺乏完善的物流系统，物流成本居高不下

其他商品放在网络平台上销售，由于没有了线下店面租金以及人力等成本，商品的价格就降低了，而农产品由于难储存以及单次采购量比较少的问题，其物流运送的成本问题便日益突出，虽然刚开始生鲜电商的诞生意欲跟线下的菜市场抢客户，但是最后却失败而归。

2. 产品质量难控制

农产品不是工业品，只要有机床和模具就能生产出标准化的产品，它需要一个自然生长的过程，这也就很难实现农产品标准化，而且农产品容易受到自然环境变化的影响，无法保证产品的持续、稳定供应。农产品有比较突出的地域特点，虽然产品种类极其丰富，但由于其成长环境等方面的原因使得实际可供应的产品比较单一。除此之外，在运输以及销售中的农产品保鲜以及损耗问题，也一直是困扰农产品电商的一大难题。

3. 运营模式和定位难

如果要做好有机农产品，就需要付出比较高的源头控制成本；如果单做B2C的话，物流运送成本高是一大难题；产品如果面向的是年轻且具有一定经济实力

的白领群体的话，获取他们的信任也是一个难关。

而且电商已经走过了平台繁荣的年代，市场上出现了越来越多的电商平台，垂直生鲜电商的发展已经没有了时代的优势。在电商巨头企业纷纷跨入生鲜领域的时候，很多中小电商企业由于根基不稳、实力较弱，在与电商巨头的竞争中落败，最后黯然退出生鲜电商市场。

生鲜电商虽然看起来很美，但事实上危机四伏，因此要想跨入这一领域的企业应该三思而后行。

二、三大阶段的探索

生鲜电商大致走过了三个发展历程，为其以后成熟商业模式的形成奠定了坚实的基础。

1. 第一阶段（2008—2010年）：与菜市场PK

刚开始很多电商企业以为只要利用电商这一种新的零售手段就可以从根本上颠覆菜市场的地位，结果却铩羽而归。虽然从表面上看是消费者没有形成网购果蔬的习惯，但是事实上还是一些更现实的问题，网购的果蔬不仅价格高，而且产品品质难以保证，这对更倾向于经济、实惠消费的普通大众群体来说是难以接受的。而在生鲜电商领域还没有出现比“产地—批发市场—菜市场”更为快捷、高效的销售模式了。因此短期内菜市场仍然是生鲜产品的销售主渠道，超市在其中扮演的角色会越来越重要，生鲜电商还未找到立足之地。

2. 第二阶段（2010年—2014年）：走小而美的私人订制路线

在与菜市场比拼无果的情况下，生鲜电商开始走上了另外一条路线——高附加值的私人订制，通过特色的产品、优良的品质、贴心的服务来吸引客户，并将其发展成为稳定的客户群体，因此这也就出现了各种贴着有机生态标签，主打特色果蔬和肉类的专业生鲜电商。

做专业生鲜电商也面临一些挑战：农产品生产源头的质量不好控制，客户的推广成本比较高，难以获取客户的信任，物流运输成本和损耗高等。

3. 第三阶段（2014年至今）：发现新大陆

经过前两个阶段的探索之后，农产品电商领域已经达成普遍共识：农产品和工业品是完全不同的，要经营好农产品，就需要在控制成本的同时保证产品的品质，因此这就需要构建完整的产业链，想方设法降低成本，从而为消费者带来实际的实惠，将他们发展成为自己的客户群体。

在这一阶段，可能会涌现更多的农产品电商平台，竞争将更加激烈，各个农产品电商为了降低物流运输成本以及损耗，会积极建设社区化的终端、配送站以及保险箱，因此未来社区化的终端将涌现更多的资本。

三、三大方向的显现

在经历了一段跌宕起伏的探索之后，农产品电商模式开始逐渐走向明朗，并在这一领域摸索出了三大发展方向。

1. 方向一：品牌化

对于农产品来说，品牌化还处在初期的探索阶段，如市场上出现的洛川苹果、西湖龙井、龙口粉丝等，但是市场上褚橙、柳桃、潘苹果这样的品牌还是非常稀少的。因此农产品电商应该深入挖掘农产品的内涵，增加品牌的附加值，从而在市场上形成自己的竞争优势，避免陷入恶性竞争的误区。

2. 方向二：社区化

很多农产品电商已经意识到了“最后一公里”的重要性，开始深入社区进行物流布局，并通过这样的方式缩短物流链，降低物流成本，减少损耗。但是对社区终端的建设也需要一定的成本，而且终端建设与渠道融合也需要一段时间，除此之外，还有对社区终端的管理以及细节完善等，都需要农产品电商付出一定的时间和精力。

3. 方向三：线上线下融合的趋势

农产品电商可以将线上线下两个渠道结合起来，利用微博、微信等社交工具作为传播手段，开展网络营销，同时借助大数据的力量对客户群体进行精准定位，实现高效率的营销传播，并逐渐摸索出一套合理的盈利模式。

四、三个发展阶段

从农产品电商诞生至今，其发展经历大体可以划分为三个阶段。

1. 第一阶段：2005—2012年

2005年生鲜电商诞生，这是农产品电商发展的初期；

2006年全国农产品商务信息公共服务平台上线开放，主要是收集、发布涉农政策信息以及农副产品流通信息，同时也与其他相关部门展开合作，为其提供信息支持；

2009年莆田网上线，主要是面向在上海的外籍人士，为其提供安全、健康、优质的食材；

2010年，沱沱工社和优菜网上线运营。

在此期间，由于食品安全事件时有发生，消费者为了能获得更加安全、健康的饮食，更倾向于选择渠道比较正规、安全性能得到保障的食材，因此高品质以及高安全性的食材需求也就与日俱增，有不少企业就抓住了这一商机，纷纷做起了生鲜电商。

2. 第二阶段：2012—2013年

随着越来越多的企业涌向农产品电商领域，农产品电商得到了快速成长，但是也导致整个行业泡沫的产生，许多农产品电商网站一度陷入了进退维谷的局面，2013年北京优菜网由于融资困难，标价150万元开始寻求转让；上海天鲜配发展陷入困境，被迫下线。不过随着社会化媒体的出现以及互联网覆盖率的不断提升，生鲜电商们又重新对农产品电商的未来充满了希望，未来这一领域会出现更多的新模式，农产品电商也将以一种新姿态出现在世人眼前。

3. 第三阶段：2013年至今

本来生活、1号生鲜、顺丰优选、沱沱工社等成为农产品电商领域占据主流的生鲜电商，它们在经营的过程中不仅获得了强大的资金支持，同时还各自探索出了一套经营模式。如本来生活为营销推动型；顺丰优选为供应链驱动型，利用自己在物流方面的基础，在生鲜电商领域形成了自己的竞争优势。而云计算以及大数据的兴起和应用，为生鲜电商的发展创造了更有利的生长环境。

从根本上来说，农产品电商的发展主要还是在于定位以及路径这两个问题上，如果能真正有效地解决这两个问题，那么普通的农产品就能轻而易举地实现网上交易与线下配送，农产品电商实现普及也就指日可待了。

第二节　详细解析中国农产品电商的十个“亏损点”

电子商务平台在我国市场上已经占据了一席之地，仅涉农电商数量就超过了3万家，其中农产品电商平台达到了3 000家。虽然在数量上十分可观，但是由于种种原因，农产品电商行业整体依旧处于亏损之中。

菜管家运营4年，总投资3 500万元，但直到今天仍旧是亏本运营；武汉家事易用短短两年半时间实现了电子菜箱在1 200多个社区的覆盖，累计投入高达6 000万元。虽然其日成交量不在少数，但是仍旧亏本运营，其中的原因究竟是什么呢？下面从行业视角出发，对导致亏损运营的因素进行分析，如图5-1所示。

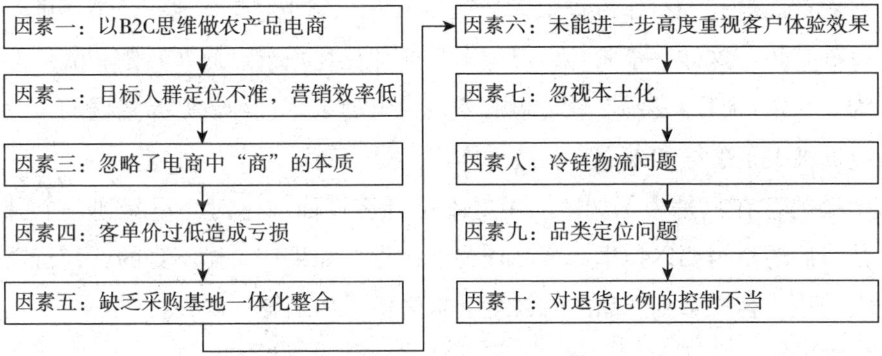

图5-1　中国农产品电商十个“亏损点”

一、以B2C思维做农产品电商

很多电商对于B2C和农产品电商之间关系的认识存在着很大的误区，他们认为通过建立一个平台，然后进行流量导入，就会吸引客户在线上购物。其实这种认知是具有一定思维定式的，而若把这种定式套用到农产品电商上显然不适用。

客户在平台上需要购买的不仅是产品，还有产品所带来的健康、高品质的生活。而这些内涵意义需要通过产品背后的种植基地、采摘、物流、产品链以及品牌故事等方面来对整个产品有一个多维度的考察和信任，而这恰恰是B2C的思维所无法完成的。

二、目标人群定位不准，营销效率低

农产品电商的客户流量备受人们关注，尤其是这个市场仍处于发育初期，客户流量也正式渐渐积累和沉淀的时候。那么在客户群中占主体地位的是都市女性白领，她们处于现代化快节奏的生活中，对于健康生活更加重视，而且有在互联网购物的习惯。

针对这一部分人群进行营销传播才可能获得较大的效果，而如今农产品电商的定位显然不够准确，部分偏离到其他人群中，如年长者、男士等，尽管广告信息覆盖率高，但仍然不尽如人意。因此，进行客户人群的目标精准定位是做农产品电商必须要考虑的问题。除了都市白领以外，下一阶段“90后”女性也可能成为农产品、生鲜产品的又一消费爆点。

三、忽略了电商中“商”的本质

在农产品电商的运作过程中，必须要产生一个“生产基地—营销—供应—物流—口碑宣传”这样一个闭环，但很多电商却往往把重点放在营销和流量上，甚至认为“营销+流量+交易”就能做起农产品电商来。这种认知是错误的，无论农产品电商披上了怎样的外衣，最终的本质还是“商”。

营销的存在只是为了把产品更好地推到客户面前，对客户起到一个引导作用，其背后还是需要以技术和产品作为支撑点。如果后者做不到的话，营销的规模越大，最后客户拿到产品的时候就会越失望，结果得不偿失。

四、客单价过低造成亏损

客单价是所有农产品电商都十分头疼的问题。据数据统计，若客单价低于200元则会造成亏损，因为物流成本和途中损耗将得不到补偿。就目前农产品和生鲜电商的经营现状来看，每单必然会带来物流成本和损耗，如果客单价一直上不去，物流成本无法压缩，农产品电商必然会距离盈利越来越远。顺丰优选在做进口高档食品和当季食品时也是从客单价的角度来进行选择的。

五、缺乏采购基地一体化整合

对基地的整合是农产品电商所应当重视的一点，但很多电商都忽视了这一点，往往以定向采购的形式与基地合作，而不是走协同的供求路线。国外的农产品电商在根据市场的走向来指导基地的种植这一方面已经渐趋成熟，但在国内还远未实现。

以国际品牌星巴克为例，其在基地整合、需求协同的基础上进一步完善其供应链，重新回溯到咖啡豆种植以及风力、土壤等因素影响下的种植管理上来。

当然，如今国内许多农产品电商也已经对采购基地整合有了一定理解，其商业价值不仅在于质量的保证，还在于品牌化、集约化和一体化的协同发展。这种模式下会有效压缩成本，减少浪费，成为获取和增加利益的有效手段。

以重庆的一家生鲜电商为例，他们对基地的整合就有一套有效的方式。首先，他们采取的模式不是B2C，而是B2B，利用集团型的采购方式来拉动基地的整合，再衍生出来打造B2C服务以及O2O体验。采购能力形成规模，成本就自然降低，与基地之间实现供求信息的快速反应，协同效率相对较为高效。这种基地整合的形式是可以为大家所借鉴的。

六、未能高度重视客户体验效果

消费者的体验满意度对于品牌的口碑、信誉等具有极大的影响作用，对于客户提出意见的订单或者不满意的订单必须第一时间加以追踪，而不是置之不理。一个客户的反应很可能会引发连锁效应，对口碑产生极大的影响。聪明的电商在产品出现问题时，只要不是商品价值超过某种底线，那么对于客户的赔偿和赠送一定不会吝啬。

付出一定成本换来的是客户情感上的倾向性和口碑的提升，何乐而不为呢？更何况如果客户退货，期间产生的物流费用和损耗费用可能会更大。

粉丝经济的商业价值不断凸显出来，尤其是对于食品领域来说。因为未来农产品电商一定要注重培养和维护自己的粉丝群，有效利用粉丝效应，通过信息扩散可能会带来更多的客户。

有一家农产品电商把产品的目标人群定位在了一个IT圈子。这个群体对于互联网极为熟悉，有网购的习惯，而且消费能力普遍较高。此电商通过对这个圈子的渗透打开了电商的局面，同时建立起良好的口碑，从而迅速笼络了这个领域的客户。

七、忽视本土化

电商的发展趋势已经渐渐蔓延到社区，形成社区线上和线下的互动模式。与此同时，商业模式变化发展迅速，本土O2O已经成为必然趋势。据数据显示，消费行为中的60%～70%都发生在周围3千米之内。所以农产品电商必须重视本土化的展开，线上培育粉丝圈，线下打造体验圈，二者综合进行。

对本土化的忽视是不利于稳定长期发展的，因为农产品受到商品质量、物流等因素的限制很大，无论农产品电商的规模大小与否都是如此。所以对于农产品电商建立本土化服务体系是必然趋势，除非对于可以不计成本的产品，否则其他大众产品的定位必须本土化。

农产品电商实行本土化一般是与当地的社区服务站、便利店等机构进行整合。若是以传统的B2C模式来进行推进则需要庞大的运营提供支持，所需人力和资金都比较巨大，不适合一般农产品电商。

八、冷链物流问题

对于做农产品电商的人来说，冷链物流是至关重要的问题，同时也是十分令人头痛的问题。在这一物流配送过程中，需要冷藏库房和“冷藏+冷冻”混合车辆的配合，同时在物流中转的过程中还需要冷藏箱、恒温箱等设备，这关系到最后送到客户手中的产品是否与最初的产品质量相同。

在投入方面，冷链是需要长期持续的资产投入的，而且回报周期比较长，容易给农产品电商造成压力。即使投入资本足够，但后来运营期间因为季节等因素的不稳定性可能造成商品质量的不稳定，那么运营成本就会大大浪费。更何况，农产品电商很少有人能够建立起自己完整的冷链配送队伍，在与第三方进行合作的过程中无形中又提高了成本。因此，建立一个集约化、社会化、自主化的冷链配送队伍成为农产品电商亟待解决的问题。

如今，我国农产品电商冷链物流一般通过以下几种途径来解决：

1. 顺丰优选

这是一条完全自建而成的物流体系，常温和低温设备都相对完善，基本已经实现全国覆盖，能够在24个小时之内把南方的荔枝送到北方，把内蒙古的羊肉送到南方，这些实际案例都显示了其物流配送的快速且技术完备。

2. 阿里巴巴

目前实行整合模式，以干支线和末端宅配相配合，曾经有把车厘子从美国农场送到中国家庭等成功案例。这种整合可以说是“二段式配送”，利用平台、网络实现的农产品冷链物流。

3. 京东

从末端配送着手，在各地建立服务站。据了解，京东未来将尝试把产品从田间直接送到餐桌的ABC（Agricultural to Business to Customer）模式。目前，其生鲜配送站已经开始运行，与O2O的“最后一公里”的体验相融合。当然，在物流的仓储、干线、支线等模式配合方面还需进一步整合。

九、品类定位问题

我们在用户定位中提到，如果用户定位不准确则很有可能造成营销成本的浪费，那么实际上定位问题不仅在于用户定位，还在于品类的定位，产品的选择还涉及供应链支撑能力的问题。

运营的核心能力在于品类驱动的供应链，如果品类选择科学就意味着商业的运营迈出了成功的一大步，所以品类定位的重要性可想而知。应当注意的是，选择品类切不可贪多，混合型的品类供应链中容易造成多方经营漏洞，一旦出现问题会易造成品牌危机。

从供应链的角度来看，电商平台对品类选择的科学性决定了盈利的潜力。据知名电商品牌供应链总监透露，品类增加十倍，供应链管理的难度就会以百倍增加，甚至更高。

十、对退货比例的控制不当

KPI指标（关键业绩指标）是农产品电商必须重点考核的，一件产品的退货所带来的不仅是商品的损失，更重要的是客户的流失和品牌名誉的受损。所以，农产品电商退换货问题已经成为各大CEO重点关注的问题。正如宁可用赠送来换取客户感动，也要尽量避免退货。

而如今据数据显示，情况稍好一点的农产品电商退货比例达到了6%，其他普遍都在10%左右，这样的比例所带来的损失是不可忽视的。当然，针对这一问题，不少农产品电商也在寻求解决途径。例如，预付C2B模式，会大大降低退货率，还有上海的厨易时代的O2O模式等。

所以，农产品电商不但要从运营角度，还要从商业模式方面多加思考，改变思路，降低退货率。

农产品电商如今整体仍处于亏损状态，其中缘由相信大家可以从以上10个因素中有一定了解，这与运营方式、商业模式、营销策略等都脱不开干系。

整理归纳一下，农产品电商亏损原因主要有以下几点：

（1）定位不准，营销成本浪费；

（2）采购整合一体化不到位；

（3）冷链物流体系不够完善，社会化程度不高；

（4）供应链过程损耗过大；

（5）品类定位不科学；

（6）退货比例控制不当。

总之，要想做到止损盈利，就必须不断优化顾客体验，同时对各项成本进行有效控制。

第三节　国内首个服务驱动型的农产品电商发展模式

2017年，阿里研究院发布了《农产品电子商务白皮书（2016）》，报告显示，2016年阿里巴巴平台农产品交易额超1 000亿元，同比增速超40%。“农产品电商50强县”广泛分布在全国15个省份，东部县（市）占72%，中西部县（市）占28%。其中，浙江13个、江苏9个、福建7个、山东6个。从全国范围来看，按农产品销售额划分，各省区市形成五个梯队。第一梯队的江浙两省，农产品销售额均超100亿元，领先优势明显；广东、上海、安徽、山东等地一起跻身第二梯队，与第一梯队形成激烈竞争。

阿里的数据表明，电商下沉是必然趋势，农村电商市场蕴含着巨大潜力。随着年轻农户的参与，农村合作社纷纷在网上开店，农产品电商的崛起势头迅猛。同时，涉农电商服务商也开始在农村运营。

互联网的发展，扩大了农产品销售的渠道，新型的网上销售模式开始崛起，而在浙江就出现了“服务驱动型的县域电子商务发展模式——遂昌模式”，以发展本地化的农产品商务为核心。

一、什么是“遂昌模式”

遂昌模式是多方主体，包括农户、物流企业以及物流运营主体等通过互联网建立联系的一种模式。

通过遂昌模式将地方政府与第三方电子商务平台联系起来，以网店协会为行业代表，将分散的资源整合起来，打通地方与全国的运输渠道。

遂昌位于浙江省西南部，山地较多，平原较少，以茶叶、毛竹、山地生态蔬菜为主导产业，是我国有名的旅游胜地。但是，由于遂昌的地形，导致交通闭塞，与外界的联系较少，当地的资源优势和产品特色没有给当地的居民带来经济效益。

2010年3月，"遂昌县网店协会"成立。遂昌县通过"遂昌县网店协会"成立了公共服务平台，为本地的农产品输出提供服务：培训及咨询、网销产品的开发和质量把关、仓储配送服务、推广服务、产品图片和文案设计服务、促进网商融资及物流合作等。

在2012年阿里巴巴的全球十佳网商大会上，遂昌荣获年度"最佳网商城镇奖"。截至2013年10月底，遂昌县网店协会的会员已经达到1 473家，其中网商会员1 268家，网货供应商164家，有40多家包括物流、快递、银行等在内的第三方服务商。2013年协会总收入高达400多万元，协会会员销售总额高达2.1亿元。

2013年1月8日，全国首家县级特色馆"特色中国"遂昌馆在淘宝网上正式上线。遂昌馆仅上线一天，交易额就高达255万元，一个半月之后，销售总额已超过1 100万元。遂昌馆拥有1 500多家网店销售与旅游有关的产品，在遂昌县超过90%的旅游企业入驻遂昌馆。

2013年10月，阿里研究院等将遂昌馆正式命名为"遂昌模式"，成为国内首个服务驱动型的商务发展模式。

具体来说，遂昌模式主要包括两大块。

1. 地方性农产品公共服务平台

以协会和公司为依托，将自身定位在"农产品电子商务服务商"，为农村（农户、合作社、农企）的经济发展服务。

2. 赶街——新农村电子商务服务站

实现电商的下沉，为农户的生产、生活、农产品的输出提供配送渠道。通过信息化的监控，实现农村市场经济的大发展。

二、"遂昌模式"的"领导力"解读

农产品电商作为一个新兴领域，其发展还处于摸索阶段，而2010年成立的遂昌馆无疑给农产品电商领域提供了借鉴经验。而遂昌模式成功的要素主要体现在它的前瞻力、规划力、影响力和控制力四方面。

1. 前瞻力：全国首个县域淘宝馆

遂昌县政府在农村电商市场一片空白的情况下，抓住了市场机遇，主动与阿里巴巴集团合作，签订战略协议，向现代化物流转型，并成功建设国内首个县域淘宝馆。

遂昌模式的成功离不开当地政府的政策支持，使宏观调控和微观调控相配合。遂昌县政府以“不越位”“不缺位”的理念鼓励当地发展农产品电商。在我国社会主义市场经济体制下，先放手让网商自我调节，在市场无法调节价格的时候，政府再宏观引导，鼓励发展农产品电商平台。遂昌县政府各部门相互配合，统一管理，为遂昌馆的建设奠定了坚实的基础，扩大了遂昌农副产品的输出渠道。此外，遂昌县政府为了保证遂昌馆的顺利施工，为遂昌馆专门提供免费的产品仓储基地，并在资金方面予以支持。

2. 规划力：“化散为整”的效应

遂昌县网店协会是一个非营利组织，为遂昌馆的建设制定战略措施，整合资源，以保障其顺利运营。在建设遂昌馆之前，协会就做了问卷调查，综合国内现有的农副产品，尤其是当地特色产品的电商市场的状况，建设了公共服务平台。

协会为遂昌馆的运营提供公共服务，如培训没有经验的农户，向他们传授网站运营的知识；将分散的货源整合起来，统一管理，以确保产品的质量；为特色产品专门设计宣传册，并提供内容优良的文案；同时还辅助农户进行店面装修，并在储存、运输等领域也提供服务；通过扩大农副产品的销售渠道，间接为当地提供就业机会。通过专业的培训，提高供应商的供货能力，如研发创新农产品品种，提高服务水平和能力，加快物流配送速度，监管严格，保证产品质量。同时，协会还完善信任体制机制，将银行与物流服务商连接在一起。

由于遂昌县的地理位置所限制，当地交通不便，无法为外地的网商及时配送农副产品。遂昌县网店协会便与物流快递公司洽谈，解决农产品的配送问题；同时还整合分散的资源，为当地农户服务。

3. 影响力：合作共赢的价值网络

在遂昌模式的应用过程中，协会发挥了强大的整合能力。第一，产品资源整合的能力。将当地布局分散的资源整合起来，充分发挥遂昌县的资源优势。在建设公共服务平台前，遂昌县网店协会进行了实地调研，通过一家一户的走访调查，详细记载当地特色产品的种类、销售以及质量等状况，丰富了数据库，为当地农户提供服务。第二，合作关系整合的能力。遂昌馆为产品配送流程中的多个主体，如淘宝网、农户、网店主、生产企业、服务商、经销商、政府相关部门等提供了服务平台。通过及时的交流沟通，不断地提供解决方案，满足多方的需求。

4. 控制力：打造“四维产品质量控制体系”

在我国农村，电子商务发展缓慢的原因有很多，其中就包括农村电商没有统一的行业标准，消费者的合法权益得不到保障。针对这些问题，遂昌馆建立了“四维产品质量控制体系”。

一是在产品供应环节，严格筛选供应商，制定相关的信用机制和产品质量保障机制。

二是在进货环节，通过网店协会公共服务平台，对产品的质量严格把关，与当地政府相关部门合作，确保产品的质量。

三是在产品流通环节，与物流企业合作，推出24小时“限时达”和“保鲜达”服务，确保在配送过程中产品的质量。

四是在售后服务环节，为客户提供相关服务，如预先赔付以及退货无运费等；同时，客户可通过旺旺、400客服电话及消协96315服务电话，维护自身的权益。此外，遂昌县网店协会也会加强自身的建设，保障产品的质量以及消费者的权益。

据中国电子商务研究中心（100EC.CN）监测数据显示，2013年遂昌网店数量达到4 900多家，比2011年增加了近4 000家，网店从业人员则高达1.5万多人，是2011年的3倍多。

在遂昌模式的发展应用过程中，互联网发挥了不可取代的作用。由于互联网与商务的融合，增强了农产品在交易过程中的透明度，拓展了销售渠道，为农户提供了便利，形成一个健康、发展、可持续的农产品电商网络。此外，遂昌模式的简单易操作也是它成功的一个重要因素。

第四节　解决生鲜电商发展的“拦路虎”

近年来生鲜行业成为电商大佬们强势介入的领域，生鲜电商模式也成为讨论的重点。生鲜可以说是电商里最难做的品类，它要求产品保证完全新鲜和超高品质，而这又考验了包括营销、冷链物流等在内的全产业链布局整合能力，所以不否认生鲜电商存在巨大的商业诱惑，但是做好生鲜电商却相当不易。

预售类模式和现售类模式是当前比较常见的生鲜电商模式，但均无法摆脱标准化和折损率这两个阻碍生鲜电商持续发展的因素。面对这种情况，生鲜电商就要以标准化和品牌为“抓手”，对其进行标准化生产和品牌打造。

一、生鲜电商的两大模式

1. 预售类模式

预售，顾名思义就是将还没采摘、收获的果实提前卖给消费者，私人定制、定期宅配就是预售模式的表现方式。预售所解决的是信任问题，电商可以为付款的消费者提供新鲜安全的食品，而消费者可以放心大胆地食用。

预售实质上销售的是土地和服务，具体来说就是将果蔬的高品质看作最高原则，据此进行自然种植以保证食品的新鲜天然。而这种无污染、纯天然的食品也成为重视食品安全的现代人竞相追逐的对象，所以即使产品价格稍高一些，消费者们也乐意体验这样的天然食品和完善的服务，这就是定期宅配初期十分赚钱的主要原因。

私人定制就是将土地出租，农场工作人员按照租客的要求进行种植，并将产出配送给他们，租客也可以将其作为周末休闲的活动。私人定制为消费者提供了更多有价值的服务，消费者可以在耕种、看护、收获的过程中获得更多的体验和真正安全的食品，也有助于提高消费者的信任度。

信任度问题也是非标性产品所要解决的首要问题。预售产生订单之后，商家根据用户需求展开有针对性地采摘、制作和包装，这实质上是信任积累的过程。消费者拿到产品的时候就意味着自己的个性化需求得到满足，从而提升了对商家的信任度，这也是高端生鲜类产品提高产品附加值的好方法。

2. 现售类模式

由于自身缺乏规模化种植、养殖基地，许多生鲜电商采用的都是现售类模式，即对现有农产品进行严格筛选，将其派送给消费者，土特产是最先触网的生鲜类产品。除此之外，荔枝、冰糖橘、蜜柚等出货量较大的农产品也多是经过严格挑选进行电商化销售。

现售类模式对产品也有着相当高的品质要求，这就需要电商经营者在全国甚至是世界范围内寻求最优质产品，然而这却在无形中给商家带来不小的压力。首先是在寻求过程中花费大量的人力、物力、财力为生鲜电商的良性发展产生相当大的阻碍；其次是生鲜产品的季节性影响使其对冷链物流和保鲜技术都提出了更高的要求，这两点原因都大幅增加了生鲜产品的成本，不仅给消费者带来了购买上的压力，也使生鲜电商的盈利难上加难。

二、生鲜电商发展的两个“拦路虎”

目前生鲜电商的渗透率极低，较高的产品成本、物流配送不够及时等原因限制了生鲜类产品销售规模的提高和辐射范围的扩大，而造成这些问题的主要原因不外乎以下两点：

1. 生鲜的标准化问题

标准化生产是制约生鲜电商发展的重要一环。消费者在面对生鲜电商时会有这样的想法：生鲜电商所提供的农产品在品相、口感、甜度等指标方面都是标准化的，不仅新鲜安全，而且整齐划一。但这只能是消费者一厢情愿的想法，因为农产品在生产过程中会面临土壤、水质、种植方式、管护等多方面的差异，所以生产出来的产品必然不会具备什么标准化特征，这对于颇具规模的农场来说也不是一件简单的事。

生鲜的完全标准化很难实现，现在所能做到的也只能是借助农产品包装实现半标准化。相信在未来生鲜的标准化会分为纯高端产品和普通生鲜两个极端，前者是高精尖产品，从生产到包装都是具备区域性特点的高品质产品；后者则是类如绿色蔬菜这类多以包装实现标准化的普通生鲜产品。

2. 折损率居高不下

生鲜产品的折损率居高不下是行内共识。有数据显示，国内的生鲜果蔬在物流过程的损耗将近30%，而西方发达国家的损耗只有5%左右，相比较而言，国内生鲜果蔬的折损率实在是大得惊人。有人认为冷链物流的不完备是造成高折损率的主要原因，其实不然，农产品本就不是适宜长途运输的产品，再加上不成熟的农产品加工技术和现有的消费习惯，必然导致运送过程中产品腐烂、损坏等问题，造成产品损耗的同时也提高了生鲜产品的成本。

对于生鲜电商来说，折损率居高不下不仅会增加生鲜电商的成本，更严重的是会降低消费者的信任度。消费者渴望原生态的产品，但是面对收到的有残次的产品必然会产生抱怨，使商家不得不以隔日供货、预售等手段来赢回消费者的心。生鲜电商所面临的这些问题是鞋帽服装、3C产品这些率先进入电商领域的产品从未遇到的，而这就需要生鲜电商绞尽脑汁寻求高效的解决方法。

就目前来看，首先要做的就是提高农产品加工技术，在农产品生产初期就将其打造成便于流通的商品，并借助专业化的手段做好单品的销售和推广。然而对于电商平台来说，单品经营不足以扩大销售规模和覆盖范围，这就需要生鲜电商进行多样化的产品组合，走单品合作之路，即与不同类型的农场、加工基地建立合作关系，将多种经过专业化预冷处理和包装的标准化产品集合售卖、配送，既节约了物流成本，又帮助生鲜电商积累了良好的口碑。

多样化产品组合，不是说产品越多越好，而是要注重衍生产品的多样化。这需要生鲜电商在把握好农产品初加工之外，深入挖掘农产品深加工技术，并在包装技术上下功夫，满足消费者的多样化需求，就如同餐桌上的一鱼多吃。生鲜电商要在确保产品质量和食品安全的同时，对生鲜产品从形态、包装及其他方面进行多样化处理，从单品上挖掘客户需求，实现生鲜销售的多个市场着力点同时发力，为消费者提供更优质的产品。

除此之外，生鲜电商要与不同的生产基地开展合作，从农产品源头选取最优质的产品。这一点京东就做得非常好，不仅在新疆阿克苏、山东、海南等地承包土地分别种植葡萄、樱桃、荔枝等地域性非常强的水果单品，也在河北高碑店、山东烟台等地建立了农产品直供基地，这种自然种植的方式，可以更有效地保证果蔬品质，同时这种原产地高品质的果蔬直供也提高了消费者的信任度，更好地降低了折损率。

三、生鲜电商的两个“抓手”：标准化和品牌

1. 标准化生产

上游货源的竞争和对供应链的把控是电商竞争的焦点，而要想在竞争中占据有利地位，首先要解决的就是标准化问题。商品标准不统一对于生鲜产品来说是巨大的挑战，因为产品质量不一致会导致市场产品差异过大，无法进行统一的识别和分级，最终导致市场品牌分散。

为保证高品质的货源，实行标准化生产是最根本的举措，以此来加强农产品的质量安全把控，为消费者提供标准化的高品质农产品。具体来说就是要自己设定或委托农产品研究机构制定输出生产标准，通过这些细化的标准对农产品从种植、采摘到包装都进行全方位把控，降低差异性，扩大相似性，最终实现农产品的批量化生产，保证生鲜电商的货源稳定。

山东枣庄的6 000公顷的樱桃林就是设定了细化的生产标准，采取了标准化栽培、严禁使用违禁农药等措施，为消费者提供高品质的绿色樱桃，同时又实行

分级销售等举措为其“诚信樱桃”赢得了不俗的销售战绩。

标准化的实现不光需要在种植、采摘、制作以及包装等生产初期制定细化的生产标准，还需要借助标准化的生产技术规程解决果蔬生产过程中的病虫害问题，建立相应的果蔬生产店址档案系统，为农产品生产者提供科学的病虫害防治措施，从而提高果蔬的安全等级，为消费者把好食品质量关。

2. 品牌打造

对于消费者来说，记住品牌比记住产品要容易得多，换句话说品牌就意味着质量有保证，所以生鲜电商要想做大做强，打造品牌是十分重要的手段。

农产品的品质会受到地域、土壤、光照、温湿度等自然条件的影响，即使是同一品种也会由于地域的不同而产生品质差异，所以要想打造品牌产品必须要选择农产品种植的最佳区域，或者对同区域的农产品进行生产标准的制定，以生产出具备统一品质的农产品，这样有助于农产品品牌的塑造，从而吸引消费者的关注。

生鲜电商经营者要想打破生鲜行业的困境，最根本的是要注重标准化生产，从种植、采摘到包装多方面对生鲜产品进行全程把控，再根据其品质级别塑造品牌，从而实现生鲜电商行业的长久发展。无论是当前的预售、现售模式，还是未来衍生的其他生鲜电商模式，都无法脱离产品这个核心内容，所以仍要以标准化产品为本，塑造高口碑的品牌，最终实现生鲜电商的良性循环。

第五节　生鲜电商发展的成功案例带给我们的启示

近年来，互联网的普及为人们的购物带来极大的方便，生鲜电商就是在这种便利的环境下变得炙手可热。进入生鲜电商行业、投资生鲜电商项目、关注冷链配送的人络绎不绝，但是冷链配送困难、食材同质化严重、价格促销战激烈等行业性问题也阻碍着生鲜电商的发展。

有5条可行的道路摆在生鲜电商的面前，而且每条路都有成功的案例，这很值得借鉴。

一、生鲜电商快速发展须具备的五重战略能力

生鲜电商凭借其对经营生鲜业务的经验以及生鲜资源的积累，再加上持续运作“生鲜价值链”的能力积累，已经具备了运作“生鲜电商产业链”的能力，这是保障后期生鲜电商发展的重要能力。生鲜电商要想快速发展必须具备五重战略能力。

1. 对生鲜产品的精选能力

长久以来，生鲜电商已经具备对水果、蔬菜、海参等产品的鉴别及分级能力，对各种不同的农产品食材也十分熟悉，所以，采购能力已经具备。此外，针对时令和农药对农产品的影响，可以做出有效判断，这些都是生鲜电商长久发展所应具备的基础能力，也是必备的战略能力。

2. 冷链配送能力

“最后一公里”是生鲜电商在冷链配送过程中的一个“噩梦”。要想增强物流配送能力，生鲜电商应拥有自己组织的冷链配送团队，或者通过以大学生和白领为主要参与人员的“众包物流”，或者引入“生鲜社区配送”资源，用来弥补电商在农村发展中的缺陷。

3. 烹饪指导和服务能力

顾客从网上订购生鲜食品，要让顾客觉得产品好，光把产品送到家门口还是不够的，电商们还需要做好售后服务，即对美食的烹饪做出指导，教给顾客怎么做才美味。在顾客购买食材时，指导他们精选食材，在烹饪时，对烹饪方法给予指导，只有真正对顾客用心，生鲜电商才能走得长远。

4. 用户的美食消费黏性

生鲜电商的核心消费者是“美食用户”，根据这些美食爱好者的喜好，生鲜电商进行食材选购和食谱研发。在互联网时代，生鲜电商可以与美食用户在网上进行交流、沟通，从而获取更多用户对美食的一些需求信息，尽可能地满足其要求，这样电商与用户的黏性就大大提高了。

5. 多屏终端联动能力

在未来，生鲜电商可能会拥有多个终端应用程序，如App、微信商城、微官网、终端数字屏等，每个应用程序有相对应的主要人群和应用场景，终端程序间的端口互通、内容联动、活动互动起着至关重要的作用，因此，生鲜电商应注重

对多屏联动的塑造，强化多屏终端的自主建设和彼此联动，从而推动生鲜电商的快速发展，让更多的生鲜消费者从中受益。

二、生鲜电商的五个可行方向

生鲜电商不仅是对农产品的电商销售和对美食烹饪技巧的指导，而且是以精选食材和农产品为基础，强化集合类产品、增强用户体验、彰显生活方式等。

生鲜电商有其必备的战略资源能力和发展方向。

1. 第一个方向

品类垂直方向。代表品牌是天天果园，其典型做法有如下两个特征：

（1）凸显农产品品类大集合。优秀的先决条件——强大的农产品资源和较好的食材集合是生鲜电商做垂直模式的优势所在。致力于“品类垂直”的生鲜电商在做大产品和大集合时，可以选择最优秀的生鲜品类。如天天果园通过与国内外产地建立长期的合作关系，选取优质水果，为保证水果品类的大集合和大会聚等，举办了“美国水果节”，为顾客提供一站式的“水果享受”。用户也可以根据自己的消费场景对各类生鲜产品进行精选，天天果园为用户提供“多品类的组合”，如“办公室美食套餐”“家庭美食套餐”“宿舍美食套餐”等。

（2）创造重度产品内容。与其他的生鲜电商相比较，“生鲜垂直电商”的最大特点在于它是产品和消费场景的最大集合，它贯穿了生鲜用户消费的全过程，将产品内容更全面、更精深、更透彻地展示在用户的面前。天天果园将每一类水果的来源、产地和故事能详尽地描述出来，并纵向对比不同种类的水果，以此做出更加深刻、精细的内容展示，还利用微信和微博向大众传播多样化的产品内容，以此吸引用户的眼球，引发用户共鸣。

2. 第二个方向

自然生活情怀。代表品牌是本来生活，其典型做法有如下两个特征：

（1）卖情怀而非单产品。顾客在购买生鲜产品的时候，也彰显了顾客的一种生活方式，这样生鲜电商所卖的产品就不只是一种食物，而演变成了一种“生活介质”，产品如果得到用户的喜爱，慢慢用户就会对产品形成一种“消费情怀”，这种产品就成为一种象征。如本来生活，它在选择产品时就能极大满足用户对产品的消费情怀，像其选择的“褚橙”，不仅对“褚橙”的外表、味道、种植管理做出详尽描述，而且把它上升至一种不惧艰难困苦的“人生情怀”，由此吸引了大量的顾客，受到大家的青睐。在这之后，本来生活又推出了“柳桃”和“潘苹果”，这些都被赋予了不同的“人生情怀”。这种市场运作，极大地推动了生鲜市场的发展，它的成功值得我们思索。

（2）倡导自然生活情趣。如果将“卖情怀”的成功原因归结为是将生鲜产品的外延扩大了，那么卖“自然产品”就是对产品本身的一种特性回归，生鲜电商对生鲜产品本身、自然特色、自然情趣更加关注。如本来生活，它在讲述“人生励志故事”的同时也会强调“自然生活”，从描述“自然产品的特性”到讲述“自然情趣的内容”，再到追溯“自然生活”这一主题，通过种种讲解，将自然情趣与本来情怀紧密联系，二者相得益彰。

3. 第三个方向

锁定价值人群。代表品牌是莆田网，其典型做法有如下两个特征：

（1）锁定价值人群做突破。目前，购买生鲜食品的大多是中老年人，青年人和中年人使用网络购买的比例不断增加。像普通菜市场和便利店中，大都能够满足人们日常生活中所必需的“大众化”食材，这给生鲜电商带来冲击和挤压，所以生鲜电商选择了“特色化生鲜食材”这一发展方向。如莆田网，它将消费者定位在国内的中高端白领和在华外国人，通过提供中高端的特色食材和对高端食品的安全与健康的保证，赢得市场占有率。

（2）专注中高端特色食材。作为生鲜电商，在关注中高端消费人群的同时，对中高端特色食材也应给予相应的重视，为用户提供一站式、集合式和定制式服务。如莆田网，它在为用户提供食材的时候，可以提供各种不同的语言，如英文版、日文版、韩文版，还为用户订制了精美的卡片和各种套餐，此外还有各种烹饪食谱，像“至醇汤品”“健康色拉”等，这些都得到了广大用户的喜爱。

4. 第四个方向

社区生活。代表品牌是爱鲜蜂，其典型做法有如下两个特征：

（1）专注社区服务。生鲜电商不仅提供生鲜商品，还提供烹饪服务指导，它属于生活服务类电商，主要为社区内的消费人群提供服务，并逐渐成为社区服务必不可少的一部分。其实，生鲜电商在配送生鲜产品的同时，还可以销售其他产品。如爱鲜蜂，除了销售冰激凌、酸奶、星巴克、小龙虾，还销售香烟和蚊香等生活用品，在生活用品上下功夫，并与线下的便利店和小超市相结合，共同为社区服务。

（2）通过“物流众包”进行配送。生鲜电商在物流配送上有两大方面难题：一是“生鲜产品”冷链配送难，二是用户要货比较急、对发货的速度要求较高等。用户对生鲜电商的物流配送提出了更高的要求，因此生鲜电商在配送货物时应强化“众包式”物流，充分利用社会力量，与更多的社区便利店和小超市进行合作。如爱鲜蜂，它从两个方面着手，把“众包式”物流做得有声有色，一方面通过与社区内众多的小商家进行合作，提供更加快捷、方便的社区配送；另一方面通过开展“线下配送服务”，为店主们提供配送车等规范化服务。

5. 第五个方向

内容导向。代表品牌是豆果美食，其典型做法有如下三个特征：

（1）聚焦美食内容。生鲜电商对内容的需求不仅包括对生鲜产品的介绍，还包括对生鲜产品的烹饪指导。在对生鲜产品的介绍方面，主要包括对生鲜食材的选择、产地介绍和品牌介绍等；在对生鲜产品的烹饪指导方面，主要包括菜品烹制、菜谱构建和现场烹饪等服务。而生鲜电商在发展的过程中，想要把“生鲜电商品牌价值”长久地传递下去，就需要对食材更加精挑细选，对烹饪的指导更加细致化，对美食内容的传递次数更加频繁。像国内领先的“美食电商”——“豆果美食”，它的内容设置相当丰富，不但包括食谱和菜系等内容的介绍，还提供食材和烹饪指导等多样化服务，不仅内容丰富，而且很具实用性。

（2）强化社区互动。目前，生鲜电商还处于“商品交易驱动”阶段，随着电商的发展，最终会进入由“美食社区”主导的阶段。食客的讨论和互动有效促进了生鲜电商的发展，提高了社区的经营水平，并提升了生鲜食材的销售额。像“豆果美食”，它除了在网络上设有微社区之外，在线下也通过举办美食交流会、大厨烹饪指导活动等，提高用户的积极性，拉近与用户之间的关系。

（3）通过电商变现。单纯的生鲜电商并不能做得强大，只有与美食电商相结合，二者才能彼此完善、相得益彰。生鲜电商具有商品完善、品类完整的优点，而美食电商不仅有美食内容，还有社区资源和用户黏性，所以，将二者紧密结合，生鲜电商就可以通过强化内容经营，进而提升“用户黏性”，美食内容商也可以通过生鲜电商变现。像“豆果美食”，通过“优食汇”将生鲜电商和美食电商结合起来，然后经过连续的“美食内容”提升用户黏性，同时，“优食汇”通过美食套餐推动电商销售，不仅提供单一的食材，还提供调料、厨具等材料和工具，相当于一整套的“厨房美食解决方案”，这种一站式服务，充分满足了用户对美食烹饪的需求。

第六节　从国外典型案例看中国生鲜电商未来

随着电子商务的发展，人们的消费行为和消费习惯也在悄然改变，超市、菜市场里常见的水果蔬菜也出现在互联网上，生鲜市场成为电商领域的下一个蓝海。

但水果生鲜市场，自从出现了“褚橙、柳桃、潘苹果”三大巨头，跨界融合已成为行业发展趋势。而与生鲜市场密切相关的物流行业，也开始布局，2012年5月，顺丰优选正式上线，随后，外资电商巨头亚马逊正式推出了生鲜馆，京东、阿里巴巴也纷纷布局生鲜市场，相继推出生鲜频道。2015年5月，本来生活网开展生鲜O2O项目，进行本来便利的试点。

烟草、IT、房产、电商、物流等各个领域纷纷试水生鲜市场，它们在布局生鲜市场方面存在共同点。虽然它们在各自的行业内发展得风生水起，但原有的商业模式却并不适应生鲜市场的发展。

据中国电子商务研究中心监测数据显示，2014年我国生鲜电商交易规模达到260亿元，与2013年相比，增长100%。生鲜电商市场容量每年以50%的速度增长，预计到2018年，生鲜电商将突破千亿元。虽然生鲜电商市场潜力巨大，但真正盈利的农产品电商平台却很少。2014年，我国涉农电子商务平台已有3万多家，其中有3 000家的农产品电子商务几乎都在亏损。

这种状况在生鲜市场很常见，因为生鲜市场的经营模式与3C产品的经营模式并不相同，不能根据生鲜的产地，就知道其口味，同时也不能保障生鲜产品在运输途中的质量不受损耗。

生鲜电商不同于其他行业的电商，有其自身的特殊性，因此，它在未来的发展模式也不同于传统零售商品和3C产品的经营模式，而是“O2O+C2B”模式。

一、生鲜市场的独特性

生鲜产品指的是没有经过深加工，只是简单地进行了保鲜处理就上架销售的产品，同时生鲜也包括面包、熟食等现场加工类商品。它的特点是由于保质期比较短，因而对储存条件要求比较高，需要保鲜、冷藏、冷冻等；对于散装的产品需要进行称重包装打条码，最后再销售。目前生鲜商品主要包括水果、蔬菜、肉品、水产、干货及日配、熟食和糕点等。

由此也可以看出，生鲜产品不同于传统的零售商品和3C产品，生鲜产品的保质期比较短，对物流配送的要求比较高，尤其是冷链物流，而生鲜市场所主打的消费对象的消费习惯也比较多元化。再加上生鲜市场的现有秩序还比较混乱，缺少统一的管理标准，商家的信用较低，消费者难以放心选购。这些生鲜市场的独特性决定了在布局生鲜市场时，需要下足功夫，如提高物流配送能力，发展冷链物流；加强对生鲜产品的产地以及质量的监控；培养消费者良好的购物习惯等。

随着国家政策的推动，生鲜食品的规模将加速增长，预计到2015年，冷链食品的需求将增长到4.5亿吨。未来，生鲜产品将成为继服装和3C之后的第三大品类，在互联网零售品类中占比超过10%，生鲜市场将出现强者越强、弱者越弱的现象。

同时，我国冷藏车、冷藏库、铁路冷藏箱运输的年运量也将持续增长，满足生鲜市场的货运需求。但是，与生鲜市场巨大的货运需求不符的是它的低效率。2012年，我国进入流通领域的农副产品价值总额为2.45万亿元，涉农电商仅占1%左右，生鲜电商仍处于探索发展阶段。

生鲜市场巨大的货运需求与低效率的矛盾，亟须全新的商业模式。

二、生鲜市场O2O的典型案例

目前，我国的生鲜市场还是以O2O为主要的商业模式。

O2O即Online to Offline（在线离线/线上到线下），这种模式可以有效地将互联网与线下的商务相融合，借助互联网提供的平台发展产业。O2O模式注重消费者的体验，以线上支付和线下体验为特色，非常适合生活服务类电商行业，而生鲜市场作为生活服务类市场的一部分，O2O也能满足其需求。线下市场保证生鲜产品的质量和品质，线上平台则展示产品，吸引消费者购买，并提供立即支付服务。O2O模式从2013年开始迅猛发展，积极与本地化和移动设备相融合。

生鲜市场的发展有其独特性，相比于传统的零售商品和3C产品，生鲜市场的发展比较缓慢。即使是国外专做生鲜食品的电商（如Fresh Direct、Pea Pod、Ocado、Amazon Fresh等），也都没有形成完美的商业模式，而国内的生鲜电商更是处于探索阶段。

众多的电商看到了生鲜市场广阔的发展前景以及目前巨大的需求量，纷纷进军生鲜市场。有数据显示，2013年国内农产品市场企业已超过2万家，但10%左右的企业还尚未盈利。

三、美国生鲜电商“Farmigo”的启示

Farmigo名字可以分成farm、i和go三部分，表明Farmigo网站是将农村和用户连接起来，为他们提供交流沟通的平台。Farmigo以其独特的经营模式，被多家媒体誉为“创新在线农产品销售平台”。

对于农民来说，Farmigo拓展了农民销售农副产品的渠道，农民可以通过Farmigo销售农产品；对于消费者来说，Farmigo方便了其日常生活，只要在用户所在社区专属的Farmigo网站上“点菜”，当地的农场就会配送消费者所订购的食品。

由生鲜市场的独特性所决定，Farmigo网站将自身定位高端食品市场。

与其他电商不同的是，Farmigo打破了传统的商业思维，真正做到以人为本，关注人性，强调满足消费者的需求，为消费者提供专属化、定制化的服务。Farmigo在其经营中创造性地融入了“食物社区”的理念，根据消费者的地理位置划分不同的社区，将这些社区作为消费者与农场联系的中介。

Farmigo以满足消费者的需求为自己的经营目标。Farmigo为每个社区都专门制作了购物网页，然后将农产品添加进来。在Farmigo中，带头人至少需要邀请20个朋友或者邻居加入食品社区，但是没有上限要求。同时，带头人还需要每两周进行一次食品需求的征集活动，而作为回报，带头人可以获得社区销售利润的10%。此外，带头人还可以折扣价购买食品。Farmigo以这种方式激励带头人邀请更多的人加入社区。

Farmigo的发展模式依然是O2O模式，它采用团购的销售方式，消费人数最低要达到20人，才会享受折扣优惠。通过折扣来吸引更多的人加入食品社区，从而提高销售量。Farmigo所采用的团购方式可以有效避免产品积压、腐烂变质的问题，进而降低了物流和储存成本。从Farmigo的经营模式中，也可以看出生鲜市场对物流配送的要求极高。

生鲜市场巨大的需求量与低效之间的不平衡，催生出了全新的商业模式——“O2O+C2B”模式。由于国情的不同以及市场需求状况的各异，美国Farmigo的O2O模式并不适用于国内市场，具体来说，主要有以下三个原因：

1. 地形崎岖

我国山地较多，平原较少，部分居民的思想意识比较落后，消费行为和消费习惯与市场需求不相适应。

2. 饮食复杂

我国有56个民族，饮食习惯相差较大，还需要很长一段时间来适应市场的变化。

3. O2O模式自身的弊端

其渠道和供应链还不完善，缺乏统一的行业管理标准，造成信任危机。

由此可以看出，O2O模式自身还存在诸多缺陷，如在渠道、供应链等环节的管理缺少统一的行业标准，无法为消费者提供优良的产品体验和解决信任问题，O2O模式对线下商务和本地化程度的要求很高，强调在线支付，而忽视了产品自身的品质，对生鲜市场的定位以及需求还没有更深的理解等。这些劣势，使它难以适应生鲜市场的发展。

四、生鲜市场的未来：O2O+C2B

2014年，注定是O2O的觉醒之年，电商巨头纷纷布局O2O市场。虽然生鲜电商市场蕴藏着巨大的潜力，但单纯依靠O2O模式发展，却有很大风险性。由于生鲜市场自身的独特性以及O2O模式的弊端，生鲜电商必须探索出全新的商业模式，将O2O模式与C2B模式相融合，共同促进生鲜市场的发展。

O2O即Online to Offline（在线离线/线上到线下），而C2B即Customer to Business（消费者对企业）。C2B模式以消费者的需求为核心，类似于美国的Farmigo经营方式，以人为本，关注人性，根据消费者的需求生产产品。此外，C2B模式充分调动起消费者的能动性，产品的价格和种类由消费者决定，企业只需按照消费者的要求进行生产即可，或者消费者参与产品的生产和设计，产品的价格高低体现了消费者对它的需求和认可程度。

C2B模式生产的产品主要有以下特点：

1. 价格相同

同一家工厂生产的相同型号的产品，无论在什么地方出售，它的售价不变。

2. 拒绝暴利

消费者决定产品的价格，并且产品的价格完全是根据它的功能而定。

3. 渠道透明

O2O模式拒绝山寨。

4. 供应链透明

C2B模式的出现，恰好弥补了O2O模式渠道和供应链不透明的劣势，成为生鲜市场深受欢迎的模式。C2B模式以消费者的需求为中心，能够提供定制化、专属化的服务，提升了消费者对商家的信任度。目前，C2B模式已应用于生活服务类行业中，如服装类、家具类等。而在家具行业中，尚品宅配是成功运用C2B模式的典型。

目前看来，单一的经营模式（如O2O、C2B、B2C等）都无法满足生鲜市场巨大的需求量，促进其发展。未来，将是“O2O+B2C”和“O2O+C2B”综合模式的天下。

五、英国Argos的“O2O+B2C”混合模式

作为“O2O+B2C”模式的典型，英国的Argos超市无疑是一个成功的案例，它为英国2/3的家庭提供零售商品服务。与传统的零售方式不同，Argos超市采用“线下目录销售+B2C+O2O”整合的方式，为消费者提供多样化的服务，满足他们的长尾需求，开创了全新的商业模式——混合模式。

1973年，Argos超市建成。作为一家著名的连锁零售企业，Argos超市经营的范围非常广泛，如五金、婴幼儿用品、运动用品、娱乐设施等，共有1.7万个品种。Argos超市比较特殊的一点在于，它不销售食品，尤其是生鲜食品。“线下目录销售+B2C+O2O”的混合经营模式给Argos带来了巨大的成功，在2002年4月至2003年3月，根据Argos财务报表显示，Argos的销售额已高达30亿英镑，而根据2012年2月的数据显示，Argos的销售额已增长至39亿英镑。

Argos超市的成功，也给了国内企业一些启示。

1. 线下门店购物体验便捷

消费者购物体验时间短，工作效率高，从目录选择商品、终端机查询库存、填单付款、拿号排队、叫号领取、核对商品、完成交易，总共不需10分钟。

2. 物流与供应链透明化管理

与传统的零售商店不同的是，Argos超市完全采用信息化的管理手段。门店大堂不陈列商品，而是储存到后台仓库。消费者可以通过互联网查看商品的目录，确定是否还有库存。如果有，消费者就可以直接在线支付，完成交易；反之，消费者也可以下单，所预订的产品会在1～2天内到货，在很大程度上提高了效率，降低了成本。

3. 渠道透明

整合分散的资源，精准分析消费者的需求，实现渠道透明，让消费者放心购

物，类似于C2B模式，以用户需求为核心。

4. 以消费者的需求为核心，提供规模化和个性化服务

进行充分的市场调研，了解消费者的需求，通过创新研发出自有品牌，为消费者提供个性化和规模化的服务。Argos超市就避开了同类商品的恶性竞争，专门打造自有品牌。在选择产品的供应商时，遵循严格的评估体系，对产品的包装和生产有着严格的要求，或者供应商只需按照Argos提供的设计进行生产。

Argos的这种模式既满足了市场需求，同时又能获得盈利。

虽然Argos超市的发展采用“线下目录销售+B2C+O2O”混合模式，但其中也包含着C2B模式，如以消费者的需求为核心，根据顾客的要求生产定制化的商品，为顾客提供个性化和规模化的服务。

但是，C2B模式自身也存在一定的缺陷，如消费者多样化的需求，造成了生鲜市场的产品没有统一的规格标准，因而很难进行大规模作业。但是由于生鲜市场具有独特性，O2O模式也存在缺陷，而C2B模式则能实现渠道和产业链的透明化管理，在一定程度上，弥补了O2O模式的不足，适应了生鲜市场的发展需求。因此，未来生鲜市场的发展趋势必将是“O2O+C2B”混合模式。此外，生鲜市场的发展也要立足当地，从本地的小市场开始发展，进而扩大规模，满足国内消费者的需求。

第六章　网络营销的安全

【案例导入】

土鸡蛋卖得好，全靠“博客”助手帮得巧

2006年，从山西农业大学养殖专业毕业的本科生贾×因为“卖鸡蛋”成了名人。当同班同学大多选择留在太原等地做白领时，他却回到了老家——原平市神山村养土鸡，希望在这个行当里赚得自己的第一桶金。他的决定遭到了亲友的反对、邻里的质疑，“这孩子大学是白读了，回来卖鸡蛋有什么出息？”

然而，不被看好的贾×却一鸣惊人。他从网络上了解到土鸡蛋价值高，便利用自己的专业优势锁定土鸡养殖。他养的土鸡常年放养在大山深处，回归原始状态，土鸡采食野草、昆虫，饮用天然山泉，农家土鸡蛋蛋黄大、蛋清稠，营养价值高。为了推广自家的土鸡蛋，他在新浪网开通博客，建立QQ群，每天到博客上发消息招揽客源，一度，他同时登录20多个论坛，并让好友转发。贾×的推广取得了良效，他的土鸡蛋有近三分之二是通过博客销售的。

由于贾×卖的土鸡蛋质量稳定，价钱公道，回头客越来越多，小小的养殖场已满足不了源源不断的客户。于是，贾×在家乡搞起了大规模生态养殖，2007年又注册了“格瑞福”农产品品牌，购买人数更是呈井喷式增长。而这些客源，大部分都是通过网上微博发帖招来或网上口口相传慕名而来的。贾×说：“去年一年赚了35万元，今年可能要翻一番。”他现在成了格瑞福养殖合作社的法人代表，正带领乡亲们在为如何保持品牌信誉、保证土鸡蛋质量的纯正而努力。

第一节　网络营销的安全问题

一、网络营销的安全威胁和风险类型

网络营销安全是一个复杂的系统问题，在开展网络营销的过程中会涉及可靠性、真实性、机密性、完整性和不可抵赖性这几个要素，通过对网络营销开展过

程中遇到的问题的归纳，可把网络营销的安全威胁和风险类型总结为电子商务系统基础安全威胁、网络安全威胁和交易风险三个方面。

1. 电子商务系统基础安全威胁

电子商务的核心是通过网络技术来传递商业信息并展开交易，所以解决电子商务系统的硬件安全、软件安全和系统运行安全等实体安全问题成为实现网络营销安全的基础。电子商务系统的硬件和软件安全是产生威胁的主要方面，电子商务系统运行安全是指保护系统能连续正常地运行，在这里主要讲述前两个。

电子商务系统硬件（物理）安全是指保护计算机系统硬件的安全，包括计算机的电器特性、防电防磁以及计算机网络设备的安全，受到物理保护而免于破坏、丢失等，保证其自身的可靠性和为系统提供基本安全机制。计算机硬件是指计算机所用的芯片、板卡及输入输出等设备，CPU、内存条、南桥、北桥、BIOS等都属于芯片。硬件也包括显卡、网卡、声卡、控制卡等属于板卡。键盘、显示器、打印机、扫描仪等，属于输入输出设备。这些芯片和硬件设备也会对系统安全构成威胁。

电子商务系统软件安全是指保护软件和数据不被篡改、破坏和非法复制，系统软件安全的目标是使计算机软件系统逻辑上安全，主要是使系统中信息的存取、处理和传输满足系统安全策略的要求。根据计算机软件系统的组成，软件安全可分为操作系统安全、数据库安全、网络软件安全、通信软件安全和应用软件安全。计算机软件面临的主要威胁有非法复制、软件跟踪和软件本身的质量问题。计算机软件在开发出来以后，总有人利用各种程序调试分析工具对程序进行跟踪和逐条运行、窃取软件源码、取消防拷贝和加密功能，从而实现对软件的动态破译。由于种种原因，软件开发商所提供的软件不可避免地存在这样或那样的缺陷，通常把软件中存在的这些缺陷称为漏洞，这些漏洞严重威胁了软件系统的安全。在发现软件的安全漏洞以后，软件公司采取的办法多数是发布“补丁”程序，以修正软件中所出现的问题。虽然补丁的数量越来越多，安全性却没有很大的提高。

2. 网络安全威胁

随着信息化社会的发展，信息在社会中的地位和作用越来越重要。Internet为人类交换信息，促进科学、技术、文化、教育、生产的发展，提高现代人的生活质量提供了极大的便利，但同时对国家、单位和个人的信息安全带来极大的威胁。一些不法分子会采用各种攻击手段进行破坏活动，他们对网络系统的主要威胁有系统穿透、违反授权原则、植入、通信监视、拒绝服务五方面。

（1）系统穿透。未经授权而不能接入系统的人通过一定手段对认证性（Authenticity真实性）进行攻击，假冒合法人接入系统，实现对文件进行篡改、窃取机密信息、非法使用资源等。一般采取伪装或利用系统的薄弱环节（如绕过检测控制）、收集情报（如口令）等方式实现。

（2）违反授权原则。一个授权进入系统做某件事的合法用户，他在系统中做未经授权的其他事情，威胁系统的安全。

（3）植入。一般在系统穿透或违反授权攻击成功之后，入侵者为了为以后的攻击提供方便，常常在系统中植入一种能力，如向系统中注入病毒、后门、逻辑炸弹、特洛伊木马等来破坏系统工作。特洛伊木马是一种在完成正常工作的背后隐藏的为入侵者特定目的服务的程序，如一种表面上工作正常的邮件发送工具能将所有发往某地址的信件复制并发送到攻击者指定的信箱。

（4）通信监视。这是在通信过程中从信道进行搭线窃听的方式。软硬件皆可以实现，硬件通过无线电和电磁泄漏等来截获信息，软件则是利用信息在Internet上传输的特点对流过本机的信息流进行截获和分析。

（5）拒绝服务。指的是系统由于被破坏者攻击而拒绝给合法的用户提供正常的服务。例如，在Win NT的早先版本的服务器中就有bug，破坏者可以利用它将大量垃圾信息发往某个特定的端口，使服务器因为处理这些请求而占用大量资源，从而不能处理合法用户的正常请求。

3. 交易风险

由于互联网早期构建时并未考虑到以后的商业应用，只是为了便于军队及教学科研人员从事研究工作，利用网络实现异地研究机构的计算资源共享和科研数据的交换。使用的TCP/IP协议及源码开放与共享策略，为后来的商业应用带来了一系列的安全隐患。因此，互联网用于商业领域以后，有其先天不足，尤其是从事安全性很高的电子商务活动，其隐患可想而知。在网上交易过程中，买卖双方是通过网络来联系，因而建立交易双方的安全和信任关系相当困难。

卖方（销售者）面临的风险主要有：中央系统安全性被破坏、竞争者检索商品递送状况、客户资料被竞争者获悉、被他人假冒而损害公司的信誉、虚假订单、买方提交订单后不付款、获取他人机密数据等。

买方（消费者）面临的风险主要有：被他人假冒、付款后不能收到商品、信息被泄漏、拒绝服务等。

二、网络营销的安全管理要求与思路

1. 加强计算机病毒的防范

防范计算机病毒要从日常的工作做起。首先要正确地安装和使用杀毒软件。安装使用正版的杀毒软件，并及时升级和得到相应的技术支持。其次是安装并正确配置防火墙，它可以有效地防范木马类病毒，阻止黑客在计算机上投放病毒或者设置后门。通过修改系统配置、增强系统安全性来提高系统的抵抗能力。卸载、删除系统不必要的系统功能和服务，修改系统安全配置，提高系统安全性，如关闭自动播放功能，取消不必要的默认共享等。系统的漏洞必须要及时修补，时常关注安全机构和厂商发布的重大安全事件。为了预防万一，用户还要学会系统的备份与恢复。

2. 加强网络交易安全管理

（1）完善管理制度。以市场准入问题为例，在现行法律体制下，任何长期固定从事营利性事业的主体都必须进行工商登记。在电子商务环境下，任何人不经登记就可以借助计算机网络发出或接受网络信息，并通过一定程序与其他人达成交易。虚拟主体的存在使网上交易安全性受到严重威胁。网上交易安全首先要解决的问题就是确保网上交易主体的真实存在，且确定哪些主体可以进入虚拟市场从事在线业务。这方面的工作需要依赖工商管理部门的网上商事主体公示制度和认证中心的认证制度加以解决。

（2）严厉打击网上欺诈行为。网上欺诈犯罪骗子们利用人们的善良天性，在电子交易活动中频繁欺诈用户，利用电子商务欺诈已经成为一种新型的犯罪活动。打击网络欺诈行为对保证电子商务正常发展具有重要意义。不严厉打击这类犯罪活动，电子商务就不可能顺利发展。

（3）加强技术支持。电子合同问题在传统商业模式下，除即时结清或数额小的交易无须记录外，一般都要签订书面合同，以免在对方失信不履约时以作为证据，追究对方的责任。而在在线交易情形下，所有当事人的意思表示均以电子化的形式储存于计算机硬盘或其他电子介质中。这些记录方式不仅容易被涂擦、删改、复制、遗失，而且不能脱离其记录工具（计算机）而作为证据独立存在。

电子商务法规需要解决由于电子合同与传统合同的差别而引起的诸多问题，突出表现在书面形式、签字有效性、合同收讫、合同成立地点、合同证据等方面。

3. 培养网络营销安全人才

如果从业人员的网络安全意识不强，就必然影响电子商务与网络营销活动的健康发展。电子商务与网络营销是在公开的网上进行的，开展网络营销过程中涉及支付信息、订货信息、合同信息。随着经济信息化进程速度的加快，网上黑客的破坏活动也随之猖獗起来，从业人员缺乏安全意识，显然会给不法分子可乘之机，如此不仅自身信息安全得不到保障，就连客户对信息隐蔽性的要求也不能给予满足，这必然会给企业带来巨大的经济损失。

要做好良好的前期培训，给协议设计或管理协议人员打下坚实的专业技术基础，同时，持续不断的后期培训可以给技术人才不断“充电”、掌握最新技术。重视网络安全人才的培养，加大对这一领域的投资力度，无疑对我国电子商务未来的健康发展起到十分积极的作用。

第二节　农产品网络营销的防火墙技术

一、防火墙技术

当使用木质结构房屋时，为防止火灾的发生和蔓延，人们将坚固的石块堆砌在房屋周围作为屏障，这种防护构筑物被称为防火墙。在今天的电子信息世界里，人们借助了这个概念，使用防火墙来保护重要的数据不被窃取和篡改。

防火墙是设置在被保护网络和外部网络之间的一道屏障，实现网络的安全保护，以防止发生不可预测的、具有潜在破坏性的侵入，见图6–1。

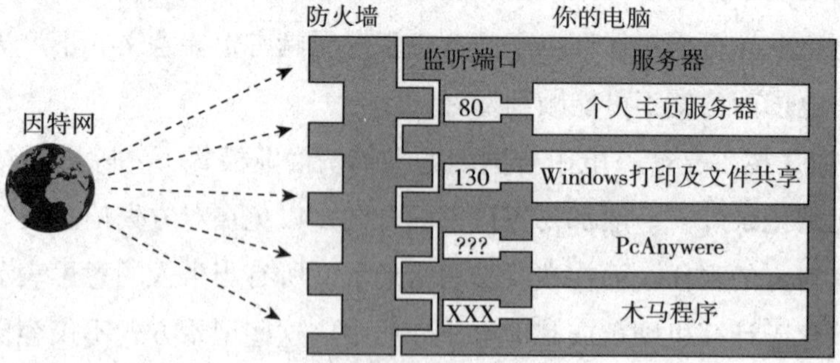

图6–1　防火墙示意图

防火墙有多种形式，有以软件形式运行在普通计算机之上的，也有以固件形式设计在路由器之中的。总的来说分为包过滤型防火墙和应用代理型防火墙。

二、病毒防范措施

计算机病毒是一组通过复制自身来感染其他软件的程序。当程序运行时，嵌入的病毒也随之运行并感染其他程序。目前计算机病毒可以渗透到信息社会的各个角落，给计算机系统带来了巨大的破坏和潜在的威胁。据报道，世界各国遭受计算机病毒感染和攻击的事件数以亿计，严重地干扰了正常的社会生活，给计算机网络和系统带来了巨大的潜在威胁和破坏。自20世纪80年代莫里斯编制的第一个“蠕虫”病毒程序至今，世界上已出现了多种不同类型的病毒。

病毒防范主要有以下措施：

（1）谨慎使用公用软件和共享软件，禁止将软盘带出或借出使用，必须要借出的盘归还后一定要进行检测，确定无毒后才能使用。

（2）经常备份文件，遭到病毒侵害时，能立即恢复文件，免受损失。

（3）写保护系统盘，不把用户数据或程序写到系统盘上。应备份一份无毒的系统盘并设置写保护。

（4）如果有硬盘，不要用软盘启动系统。绝不要用外来的软盘启动系统。

（5）对来历不明的软件必须检查后才能上机运行。要尽可能使用多种最新查毒、杀毒软件来检查外来的软件，未经检查的可疑文件不能拷入，同时，经常用查毒软件检查系统、硬盘上有无病毒。

（6）计算机网络上使用的软件要严格检查，加强管理。

（7）安装真正有效的防病毒软件。如“金山”“瑞星”等防毒软件，并经常升级更新。

第三节　农产品网络营销的加密技术

了解了电子商务中的安全隐患，下面介绍如何实现电子商务系统的机密性、完整性、认证性和不可抵赖性，一般情况下可以通过加密技术实现，加密技术是保证网络营销安全的重要手段。

一、加密技术

加密技术是利用技术手段把重要的数据变为乱码（加密）传送，到达目的地后再用相同或不同的手段还原（解密）。对数据加密的技术分为两类：对称加密和非对称加密。对称加密以数据加密标准（Data Encryption Standard，DNS）算法为典型代表，非对称加密通常以RSA（Rivest Shamir Adleman，RSA）算法为代表。

二、对称加密技术

对称加密采用了对称密码编码技术，它的特点是文件加密和解密使用相同的密钥，即加密密钥也可以用作解密密钥。这种方法在密码学中叫作对称加密算法。对称加密算法使用起来简单快捷，密钥较短，且破译困难。除了数据加密标准（DNS），另一个对称密钥加密系统是国际数据加密算法（IDEA），它比DNS的加密性好，而且对计算机功能要求也没有DNS高。IDEA加密标准由PGP（Pretty Good Privacy）系统使用。

三、非对称加密技术

1976年、美国学者Dime和Hellman为解决信息公开传送和密钥管理问题，提出了非对称密钥加密技术，这就是“公开密钥系统”。相对于“对称加密算法”，这种方法也叫作“非对称加密算法”。与对称加密算法不同，非对称加密算法需要两个密钥：公开密钥（Public Key）和私有密钥（Private Key）。公开密钥与私有密钥是一对，如果用公开密钥对数据进行加密，只有用对应的私有密钥才能解密；如果用私有密钥对数据进行加密，那么只有用对应的公开密钥才能解密。因为加密和解密使用的是两个不同的密钥。

第四节　农产品网络营销的认证技术

一、身份认证

想要在网上开店或购买物品，怎样才能确定交易双方的身份，让交易的双方彼此信任？电子商务中通过身份实名认证确定交易双方的身份。

在各种电子商务网站上进行身份认证的方法和步骤类似，现在以淘宝网上进行身份实名认证（个人账户）为例讲解身份认证的步骤。若要申请商家类型实名认证，可以用公司账户类型的账号进行申请。申请流程见图6–2。

图6–2　身份实名认证申请流程

（1）登录您的支付宝账户（账户类型为：个人账户），在“我的支付宝”首页，请点击“申请认证”，见图6–3。

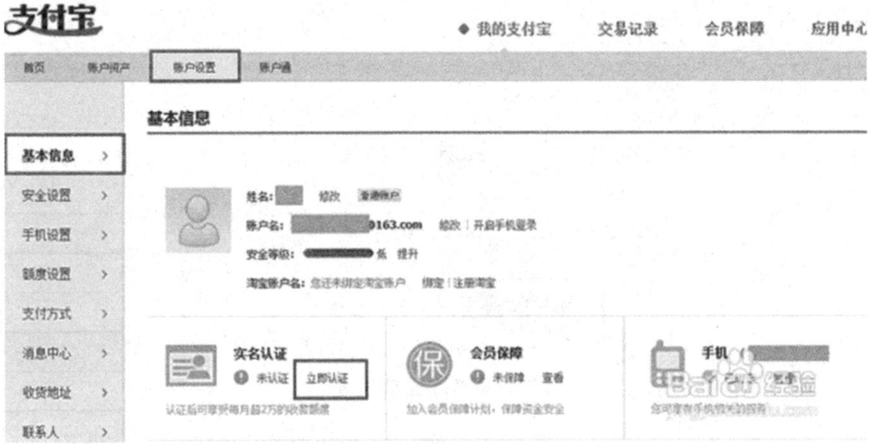

图6–3　申请个人身份认证

（2）仔细阅读支付宝实名认证服务协议后，点击“我已经阅读并同意接受以上协议”按钮，才可以进入支付宝实名认证。

（3）按照提示，详细填写个人信息，核对无误后点击“下一步”提交信息并进入“身份证件核实”。

（4）在身份证件核实的页面中，需要您输入证件号码，并上传您的证件，如果是IC版身份证需要正反两面，通过点击“浏览”按钮选择图片，见图6–4，选择图片后，点击“下一步”，进入银行账户信息核实页面。

（5）在银行账户信息核实页面，需要您填写相应银行账户资料，见图6–5，核实无误后，点击“下一步”就可以了。

（6）提交银行账户信息后，等待支付宝给您汇款。收到支付宝汇款成功的邮件后，需要您到银行账户上去查询支付宝汇给您的具体金额，并确认汇入金额。

支付宝实名认证审核通过后，您可以在“我的支付宝”首页看到提醒信息，可以查看详细信息，同时还享有支付宝实名认证的小图标！

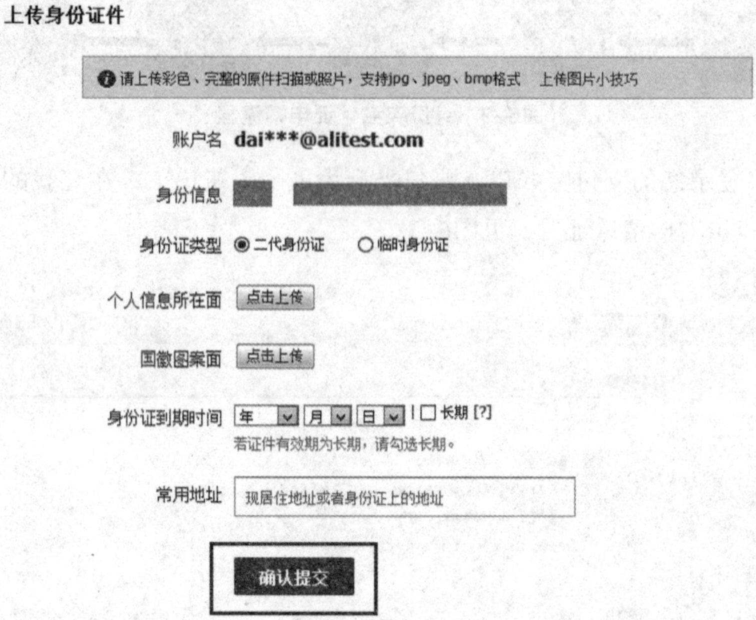

图6–4　提交身份证

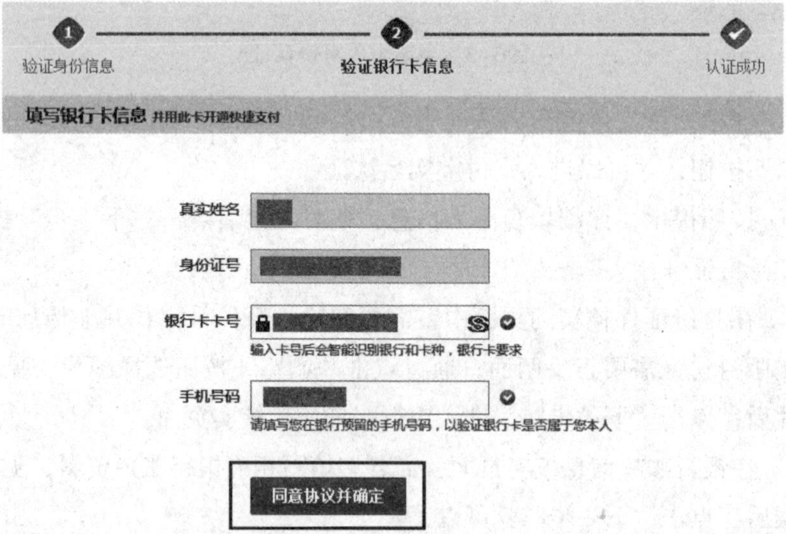

图6–5　核实银行资料

二、数字证书

（一）数字证书

数字证书是一种权威性的电子文档，它提供在Internet上验证您身份的方式，其作用类似于司机的驾驶执照或日常生活中的身份证。

数字证书具有唯一性和可靠性。通常，数字证书采用公钥体制，即利用一对互相匹配的密钥进行加密、解密。每个用户自己设定一把仅为本人所拥有的私有密钥（私钥），用它进行解密和签名；同时设定一把公共密钥（公钥）并由本人公开，为其他用户所共享，用于加密和验证签名。

当发送一份保密文件时，发送方使用接收方的公钥对数据加密，而接收方则使用自己的私钥解密，这样信息就可以安全无误地到达目的地了。用户可以公开其公开密钥，而保留其私有密钥。

（二）数字证书的获取

数字证书可以向认证中心申请，由认证中心颁发给个人用户或商家。数字证书颁发过程一般为：用户首先产生自己的密钥对，并将公共密钥及部分个人身份信息传送给认证中心。认证中心在核实身份后，将执行一些必要的步骤，以确信请求确实由用户发送而来，然后，认证中心将发给用户一个数字证书，该证书包含用户的个人信息和公钥信息，同时还附有认证中心的签名信息。用户获得自己的数字证书后就可以进行相关的各种活动。数字证书各不相同，不同证书可提供不同级别的可信度。

目前的数字证书类型主要包括：个人数字证书、单位数字证书、单位员工数字证书、服务器证书、VPN证书、WAP证书、代码签名证书等。

（三）数字证书的作用

使用数字证书能够保证：信息除发送方和接收方外不被其他人窃取；信息在传输过程中不被篡改；发送方通过数字证书能够确认接收方的身份；发送方对于自己的信息不能抵赖。数字证书可用于：发送安全电子邮件、访问安全站点、网上招标投标、网上签约、网上订购、安全网上公文传送、网上办公、网上缴费、网上缴税、网上购物等网上安全电子事务处理和安全电子交易活动。

三、认证中心

（一）认证中心的概念

数字证书由认证中心（Certification Authority，CA）签发，认证中心类似于现实生活中公证人的角色，它具有权威性，是一个普遍可信任的第三方。一个CA也可以看成由许多人组成的一个组织，它用于指定网络安全策略，并决定组织中的哪些人可以发给一个在网络上使用的电子身份。当通信双方都信任同一个CA时，二者就可以得到对方的公开密钥，从而能进行不公开的通信、签名和检验。CA的主要职责是保证用户的真实性。

（二）认证中心的功能

认证中心提供的功能主要有：颁发证书、更新证书、查询证书、归档证书和作废证书。

1. 证书的颁发

CA接收、验证用户（包括下级认证中心和最终用户）的数字证书的申请，根据申请的内容确定是否受理该数字证书申请。

2. 证书的更新

CA定期更新所有用户的证书，或根据用户的请求来更新用户的证书。

3. 证书的查询

证书的查询可以分为证书申请的查询和用户证书的查询两类。

4. 证书的作废

当用户的私钥由于泄密等原因造成用户证书需要申请作废时，用户需要向CA提出证书作废的请求，CA根据用户的请求确定是否将该证书作废。另外一种证书作废的情况是证书已经过了有效期，CA自动将该证书作废。

5. 证书的归档

作废的证书不能简单地丢弃，因为有时可能需要验证以前的某个交易过程中产生的数字签名，这时就需要查询作废的证书，因此，认证中心还应当具备管理作废证书和作废私钥的功能。

四、安全电子商务协议

在网上购物的环境中，持卡人希望在交易中保密自己的账户信息；商家则希望客户的订单不可抵赖，并且在交易过程中，交易各方都希望验明其他方的身份，以防止被欺骗。目前，电子商务中被广泛采用的协议有两种，即安全套接层协议（Secure Socket Layer，SSL）和安全电子交易（Secure Electronic Transaction，SET）协议。

（一）安全套接层SSL协议

SSL协议是网景（Netscape）公司提出的基于Web应用的安全协议，主要是使用公开密钥体制和X.509数字证书技术保护信息传输的机密性和完整性，它不能保证信息的不可抵赖性，主要适用于点对点之间的信息传输，常用Web Server方式。

SSL协议包括：服务器认证、客户认证（可选）、SSL链路上的数据完整性和SSL链路上的数据保密性。对于电子商务应用来说，使用SSL可保证信息的真实性、完整性和保密性。

（二）安全电子交易SET协议

SET协议是应用于Internet上的以信用卡为基础的电子支付系统协议。它采用公钥密码体制和X.509数字证书标准，主要应用于B2C模式中保障支付信息的安全性。SET协议本身比较复杂，设计比较严格，安全性高，它能保证信息传输的机密性、真实性、完整性和不可否认性。SET协议是PKI框架下的一个典型实现，同时也在不断升级和完善，如SET 2.0将支持借记卡电子交易。

由于SET提供了消费者、商家和银行之间的认证，确保了交易数据的安全性、完整可靠性和交易的不可否认性，特别是保证不将消费者银行卡号暴露给商家等优点，因此，它成为目前公认的信用卡、借记卡的网上交易的国际安全标准。

五、支付宝数字证书的申请

数字证书在保证信息完整性、一致性和不可抵赖性方面有着重要的作用。申请数字证书的主要步骤如下：

（1）进入淘宝首页，您可以在“我的支付宝”页面中点击“申请证书”按钮，见图6-6。在出现的页面中点击“申请数字证书”按钮。

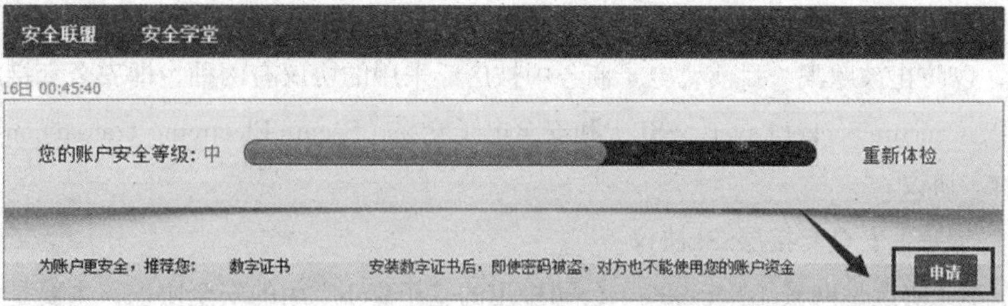

图6–6　申请数字证书

（2）点击“申请”后，出现图6–7页面。需要您输入申请认证时填写的证件号码，点击“确定”。

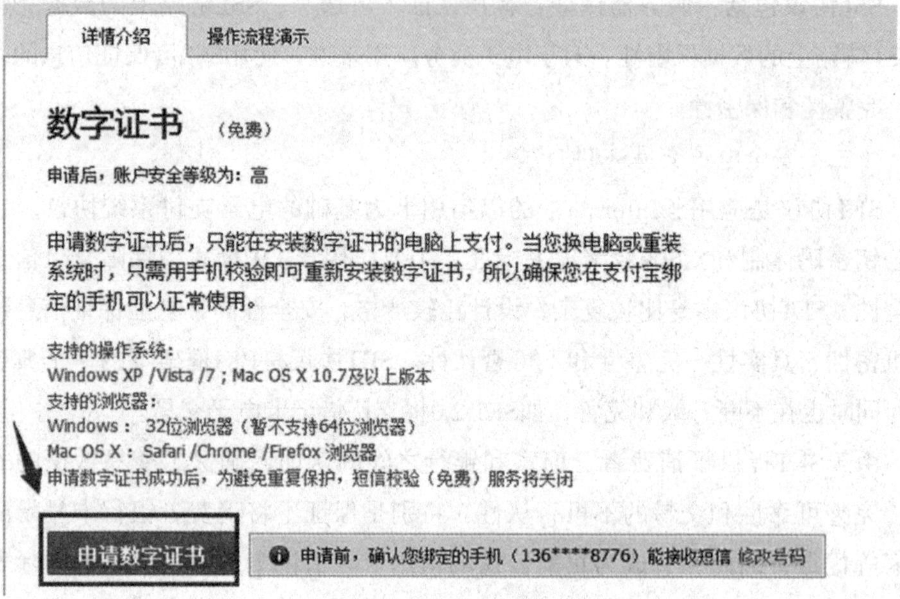

图6–7　输入身份证号

（3）点击“确定”后，请仔细阅读数字证书相关信息页面，15秒后会出现“申请支付宝数字证书”的按钮，点击该按钮就可以继续申请数字证书并进入邮件地址输入界面。

（4）确保您输入的E–mail地址和用户姓名真实有效后，点击“确定”。

（5）点击确定后，IE浏览器会弹出两个确认窗口，这两个确认窗口必须点击“是（Y）”才能正常安装，这个提示不涉及安全，请放心点击；之后，系统显示：“请稍等，系统正在处理您的操作……”如图6–8所示。

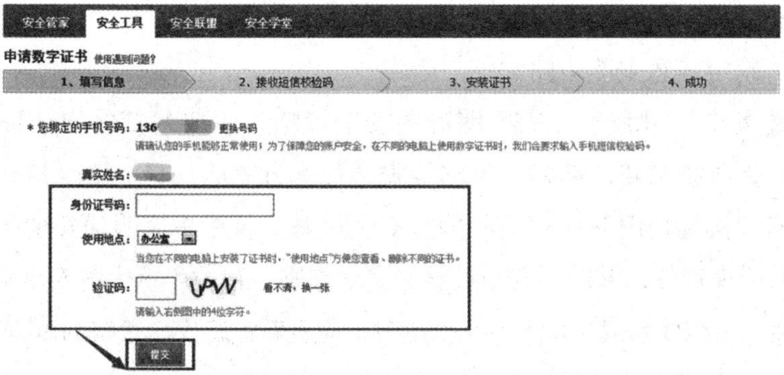

图6-8　申请证书确认

（6）数字证书申请成功，见图6-9。为保证电脑重装后仍能使用该数字证书，请备份数字证书，点击图中的备份按钮。

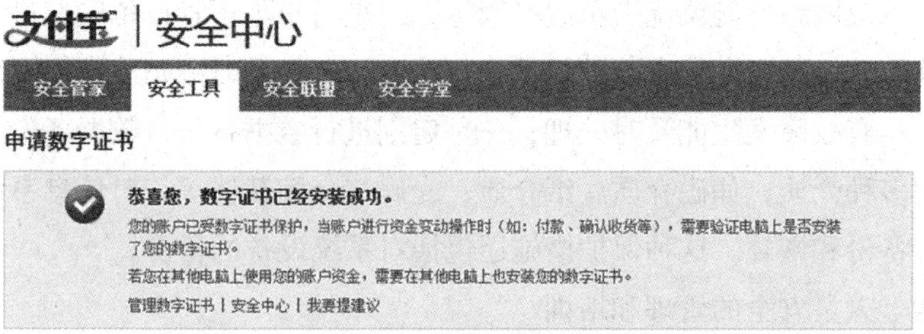

图6-9　数字证书申请成功

第五节　网络营销的安全管理方法

一、安全管理制度

（一）提高网络安全防范意识

现在许多企业没有意识到互联网的易受攻击性，盲目相信国外的加密软件，对于系统的访问权限和密钥缺乏有力度的管理。这样的系统一旦受到攻击将十分脆弱，其中的机密数据得不到应有的保护。据调查，目前国内90%的网站存在安全问题，其主要原因是企业管理者缺少或没有安全意识。某些企业网络管理员甚至认为公司规模较小，不会成为黑客的攻击目标，如此态度，网络安全更是无从谈起。定期由公司或安全管理小组承办信息安全讲座，提高网络安全防范意识，才能有效地减少网络安全事故的发生。

（二）制定信息安全策略

电子商务交易过程中，需要明确的安全策略，主要包括客户认证策略、加密策略、日常维护策略、防病毒策略等安全技术方案的选择。安全执行机构应根据信息网络的实际情况制定相应的信息安全策略，策略中应明确安全的定义、目标、范围和管理责任，并制定安全策略的实施细则。在发生重大的安全事故、发现新的脆弱性、组织体系或技术上发生变更时，应重新进行安全策略的审查和评估。

（三）完善网络系统的日常维护制度

企业网络系统的日常维护就是针对内部网的日常管理和维护，是一件非常繁重的工作。对网络系统的日常维护可以从几个方面进行：一是对于可管设备，通过安装网管软件进行系统故障诊断、显示及通告，网络流量与状态的监控、统计与分析，以及网络性能调优、负载平衡等；二是对于不可管设备应通过手工操作来检查状态，做到定期检查与随机抽查相结合，以便及时准确地掌握网络的运行状况，一旦有故障发生能及时处理；三是定期进行数据备份，数据备份与恢复主要是利用多种介质，如磁介质、纸介质、光碟、微缩载体等，对信息系统数据进行储存、备份和恢复。这种保护措施还包括对系统设备的备份。

（四）人员安全的管理和培训

参与网上交易的经营管理人员在很大程度上支配着企业的命运，他们承担着防范网络犯罪的任务。而计算机网络犯罪同一般犯罪不同的是，具有智能性、隐蔽性、连续性、高效性的特点，因而，加强对有关人员的管理变得十分重要。落实工作责任制，在岗位职责中明确本岗位执行安全政策的常规职责和本岗位保护特定资产、执行特定安全过程或活动的特别职责，对违反网上交易安全规定的人员要进行及时处理。贯彻网上交易安全运作基本原则，包括职责分离、双人负责、任期有限、最小权限、个人可信赖性等。

（五）完善保密制度

网上交易涉及企业的市场、生产、财务、供应等多方面的机密，必须实行严格的保密制度。保密制度需要很好地划分信息的安全级别，确定安全防范重点，并提出相应的保密措施。

（六）完善跟踪、审计、稽核制度

跟踪制度要求企业建立网络交易系统日志机制，用来记录系统运行的全过程。系统日志文件是自动生成的，其内容包括操作日期、操作方式、登录次数、运行时间、交易内容等。它对系统的运行进行监督、维护分析、故障恢复，这对于防止案件的发生或在案件发生后为侦破工作提供监督数据，起着非常重要的作用。

审计制度包括经常对系统日志的检查、审核，及时发现对系统故意入侵行为的记录和对系统安全功能违反的记录，监控和捕捉各种安全事件，保存、维护和管理系统日志。

稽核制度是指工商管理、银行、税务人员利用计算机及网络系统，借助于稽核业务应用软件调阅、查询、审核、判断辖区内各电子商务参与单位业务经营活动的合理性、安全性，堵塞漏洞，保证网上交易安全，发出相应的警示或做出处理处罚的有关决定的一系列步骤及措施。

二、法律制度

电子商务法是指电子商务活动中所产生的社会关系的法律规范的总称，是一个新兴的综合法律领域。国际电子商务相关法规包括《电子资金传输示范法》《电子商务示范法》《电子商务示范法实施指南》《统一电子签名规则》等。

（一）电子商务立法的现状

联合国国际贸易法委员会1996年6月提出《电子商务示范法》蓝本，为各国的电子商务立法提供了一个范本。1996年12月联合国大会决议通过了《电子商务示范法》。它是迄今为止第一个关于电子商务的世界性法律，使电子商务中的许多主要法律问题得以解决。

我国已经颁布（或修正）了诸多有关电子商务和互联网的法律、法规和规章，如《计算机软件保护条例》《计算机信息系统安全保护条例》《计算机信息网络国际联网管理暂行规定》《中国互联网络域名注册暂行管理办法》《中华人民共和国专利法》《中华人民共和国著作权法》《中华人民共和国商标法》等。此外，在《中华人民共和国合同法》《中华人民共和国刑法》中，均增加了有关电子商务和互联网的相关条款。

2004年8月28日，第十届全国人大常委会第十一次会议通过了《中华人民共和国电子签名法》（以下简称《电子签名法》），并于2005年4月1日开始实施。《电子签名法》首次赋予可靠电子签名与手写签名或盖章具有同等的法律效力，并明确了电子认证服务的市场准入制度。

2005年10月26日，中国人民银行发布了《电子支付指引（第一号）》，意在规范电子支付业务，规范支付风险，保证资金安全，维护银行及其客户在电子支付活动中的合法权益，促进电子支付业务健康发展。

2006年6月，商务部公布了《中华人民共和国商务部关于网上交易的指导意见（征求意见稿）》，有效地避免了网上交易面临的交易的安全性问题。

2007年3月6日，商务部发布了《关于网上交易的指导意见（暂行）》。

2007年12月17日，商务部公布了《商务部关于促进电子商务规范发展的意见》。

2009年4月，中国人民银行、银监会、公安部和国家工商总局联合发布的《关于加强银行卡安全管理　预防和打击银行卡犯罪的通知》出台。

2010年6月1日，国家工商总局出台了《网络商品交易及有关服务行为管理暂行办法》（以下简称《办法》），其中明确规定，通过网络从事商品交易及有关服务行为的自然人，应提交其姓名和地址等真实身份信息。该《办法》的出台将促进网络商品交易及有关服务行为的发展，促进网络商品交易及有关服务行为的健康发展，自2010年7月1日起施行。

2010年6月21日，中国人民银行出台了《非金融机构支付服务管理办法》（以下简称《办法》），该《办法》的出台意在规范当前发展迅猛的第三方支付行业，对于行业规范发展将起到引导作用。

（二）完善我国电子商务的相关法律

面对电子商务这种新型的贸易形式，我国目前尚无专门法规可依，使得部分违法犯罪人员没有得到应有的惩罚。在全国性的立法文件中，《中华人民共和国合同法》的部分条款可以看作是针对电子商务的立法。为了实现安全电子商务，还要加强立法研究：立足本国，并与国际惯例接轨；跟踪电子商务的最新发展，边制定边完善；依赖“功能等同”方法，对原来阻碍电子商务发展的法律法规进行全面修订；增强法律意识，促进电子商务立法，注意立法的可操作性，加强执法力度。

第七章　农村电商创业新机遇

【案例导入】

使用QQ一箭多雕，体验创业成功

初春时分，正是种子、化肥销售的旺季，双惠种业公司的员工们忙得不亦乐乎。和很多当地人每天去市场上采购、推销不同的是，他们每天的工作主要是打开电脑将网上下的订单打印出来，配货、打包，然后邮寄出去就行了。网上销量是他们直销门市销量的50多倍。通过QQ，双惠一年至少多销售700多万元的种子、化肥。

双惠种业公司通过QQ平台积极进行新品种推广和诚信营销，再加上其良好的售后服务和农技指导，信誉度和知名度不断提升，经济效益更是芝麻开花节节高。

第一节　“互联网+”链接农业，农村涌现出的创业机会有哪些

2017年，商务部会同财政部、国务院扶贫办继续开展电子商务进农村综合示范工作，综合示范工作进一步向贫困地区和欠发达革命老区倾斜。示范区域包括21个省份，均为国家扶贫开发工作重点县、集中连片特殊困难县（以下简称国家级贫困县），以及国务院《“十三五”脱贫攻坚规划》确定的重点贫困和欠发达革命老区所在的省区市。地方经过竞争性选择，确定了260个示范县，其中国家级贫困县237个，占总数的91.2%；重点贫困和欠发达革命老区县23个，占总数的8.8%。每个示范县将获国家财政2 000万元的资金支持，示范期为2年。

同时国家还对示范县在资金的使用上提出了三方面要求：

（1）构建完善的县、乡、村三级物流配送体系；

（2）为县城电子商务公共服务中心和村级电子商务服务站的建设改造提供重要的支持；

（3）开设相关的农村电子商务培训，向企业和农民传授更多的电子商务知识。

从以上国家发布的新政策来看，农村电商、农产品电商、农特微商以及农村物流的兴起将掀起一股创业热潮。其中能够抓住的创业机会有哪些呢？“互联网+农业”模式的出现，并不是指将农村的产品向城市输送，也不是向农村卖商品，而是以农村为中心构建一个生态体系，并通过鼓励创业的方式积极带动农民就业。

下面就互联网时代农村领域出现的几大创业机会进行一一解读，希望能对瞄准农村市场的企业以更多的启发。

一、农村电商和村淘创业

随着城市市场的逐渐饱和，越来越多的电商企业开始将目光转向了农村市场，电商渠道下沉开始成为一种趋势，京东、阿里等电商巨头也开始在县城、农村电商领域展开了激烈的厮杀。根据官方发布的数据显示，2016年12月，我国网民规模达7.31亿人，全年共计新增网民4 299万人。互联网普及率为53.2%，较2015年底提升2.9个百分点。截至2017年12月底，我国网民规模达7.72亿人，互联网普及率达55.9%。这就意味着县城以及农村电商市场蕴藏着巨大的挖掘潜力。在互联网飞速发展的趋势影响之下，农村电商将在2018年得到爆发式的增长，同时也将掀起一股农村电商的创业热潮。

相对于城市来说，农村电商市场有自己特殊的属性和特征：

（1）农村的用户居住比较分散；

（2）农村领域的网购购物还处在萌芽阶段；

（3）随着农村生活水平的提高，农民对品牌商品的需求日益增长，但是却缺乏有效的购物渠道。

创业建议：要解决农村电商市场存在的问题，满足农民对品牌商品的需求，发展农村电商以及村淘站点不失为一个好办法，期待在农村电商市场有所作为的企业也可以趁势在农村电商市场上抢占先机，稳固自己在农村电商市场的地位。总的来说，在农村电商市场上有以下几种主要的创业模式：

1. 借平台创业模式

京东农村电商模式、阿里村淘。创业者需要向平台电商递交申请，当然只有满足一定的条件才有资格申请。

阿里在2015年推出了村淘计划，大力推进“千县万村计划”，并计划在3～5年内投资100亿元，成立1 000个县级服务中心和10万个村级服务站，惠及全国70%的农村人口。

2. 自主创业模式

将当地农户的需求集中起来，统一向平台下订单。这样的模式可以有效推动农村在互联网领域的创业活动。

商机评估：这种创业方式可行性比较大，风险较低，不存在库存的风险，只要运营者具备一定的电商运营经验，选择具有互联网基础的农村进行试点，就可以取得一定的成效。这种创业方式关键是要在企业以及农户之间建立信任关系，因此产品的价格、品质以及服务等是吸引用户并建立信任关系的重要基础。

二、农村电商物流创业

从目前国内的快递网络来看，县级的城市基本实现了快递网络的覆盖，但是从县级到村级的物流一直以来都是快递行业的一个痛点和软肋。因此京东、菜鸟等电商平台为了实现在农村电商市场的布局，也在积极推进县到村的物流网络建设。

阿里计划在3～5年成立1 000个县级运营中心和10万个村级服务站，支持其农村物流。顺丰也在加快布局全国农村的物流网络，采用了双向商流和物流通吃的战略。顺丰已经在农村领域展开了布局，物流网络已经覆盖了大约全国40%的乡镇。顺丰还积极鼓励员工回乡创业，带动服务网点的下沉，建立乡村站点，将快递直接送达农民的手中，同时利用乡村站点为“城乡购”中土特产的物流运送提供重要的支持。

通过县级快递服务站的建立，实现与“三通一达”、顺丰等快递企业在县级网点的合作，如果单就一个县来说可能包裹数量比较少，但是如果能够建立县级快递节点站，那么就可以将多个县的包裹集中起来统一进行运送。这样一来在县到村的配送中，由于包裹数量比较集中，就可以采用小货车配送或者采用滴滴打车的众包模式。

商机评估：可行性大，风险较低，要对电商快递包裹流量的稳定程度进行风险评估，拥有一定整合和调度社会运力资源的能力。如果能够建立比较完善的县到村的物流体系，那么对于农产品流向城市以及工业产品流向农村都有重要的意义。

三、农村刷墙创业

村村乐是全国较大的刷墙公司。依靠刷墙业务的公司，每年的收入能够达到几千万元，估值已经达到了10亿元。

商业价值：刷墙业务牢牢抓住了农村互联网的入口。

运营方式：招募“网络村官”进行线下推广，雇用农民为其工作。

数据：将农村1万家小卖部资源整合起来，对农村用户进行分析。

策略：设计符合农民语言特色的刷墙语言。

随着村村乐知名度的不断提升，村村乐开始成为各大电商企业争相合作的对象。

商机评估：农村刷墙面对的是众多的农村人口，付出较低的成本，但这样的方式也将面临如下重要的挑战：

（1）吸引上游广告投放的客户，抓住意欲进入农村市场的客户；

（2）利用社会化的资源开展刷墙业务；

（3）语言要有一定的创意，结合农民的语言特色。

四、农产品电商创业（F2B和F2C）

F2B即Farm to Business，农产品直供模式，当前这种模式主要集中在城市，通过省去中间渠道，将产品直接从产地运送至城市的学校、食堂、机关、酒店等机构，这种模式已经在全国范围内广泛运用开来，并且有的已经获得了一定额度的风险投资。

上游的平台一定是与多个农业基地实现对接的，因此在基地端的创业者，可以通过给予农民一定的种植指导，去对接上游的平台，从而为农村电商的发展提供重要的支持。

F2C即Farm to Customer，线上多渠道模式，对于多品牌农业基地的产品，可以借助淘宝等电商平台，实现农场与家庭的对接，采用预售和订购的模式来销售农产品。

商机评估：传统的农场主不仅不了解互联网，同样也缺乏品牌意识和商业化思维，因此这个创业机会值得年轻人去深入挖掘和整合，或许未来能创造更大的商业价值。

五、农特微商创业

2015年对于农特微商来说是重要的一年，农特微商将迎来井喷式增长。只要有地标性的特产，具备农特微商发展的基础，就可以进行农特微商创业。万人农特微商创业孵化平台正在积极筹备中，并且目光已经瞄准了600多个全国农特基地，对50个规模比较大的农特基地给予重点扶持。全国已经建立了20个农特微商创业孵化园。对接农特微商基地产品的渠道创业者都有资格申请渠道创业。此外，农特微商还积极打造全国的物流网络，为农特产品的配送创造良好的物流条件。

随着“互联网+”行动计划的提出，国家也越来越重视互联网在农业领域的深入渗透和融合，农特微商的出现使整个农村领域进入了一个新的发展阶段，万人创业孵化园的建立也为农村创业提供了重要的支撑。

适合开展农特微商创业的对象包括以下两类：

1. 基地

地标性的农特产，具有独特的产品价值。基地的产能比较稳定，同时能够保证产品品质，符合当前的物流承运标准。规模比较大的基地可以运用品牌化的策略，中型的基地可以运用众包的品牌战略，而小型的基地和单品只需要做好心态运营。

2. 渠道

只要能够懂社群，在农特微商领域就能实现快速成长，农特微商会向他们推荐比较靠谱的单品，结合基地就可以玩转社群营销，依靠一个单品就可以注册公司；如果还能为用户提供几次O2O体验，那么品牌的名声就能打出去。

或者是建立独特的微商运营体系，在农特微商平台上同时申请多个单品来做农特微商。

商机评估：农业是一个具有较大挖掘潜力的行业，通常情况下，一个人工资的1/3是消费在吃上的，因此在社交电商时代，农特微商具有较大的创业价值，可以推动成千上万的人创业，让每一个人都有机会成为独立创业者。

六、农村O2O服务平台创业

这里的O2O服务平台并不是指单一的物流或者电商，如日日顺在全国拥有2万多个村级服务站，除了物流服务之外，日日顺也是一个提供家电送装、以旧换新的综合服务平台，在农村家庭的消费人口赢得了更多的商业机会。

O2O服务对于村级服务站来说具有重要的意义，如果能在全国农村范围内建立O2O村级服务站，那么将具有重要的商业价值，不仅会吸引京东、阿里等电商巨头的目光，同时也会获得其他意图进军农村市场的品牌的青睐。农资集中采购平台、农机融资租赁创业农村集中采购平台原本是供销社的事情，但是由于其特殊的属性以及体制，供销社中没有一个能与互联网深度融合的，而今在“互联网+农业”趋势的影响下，这一领域也应该积极尝试变革。随着农村对农资、种子以及农业机械等需求的日益提升，在农村市场可以搭建一个农资的集中采购平台。如果是比较大型的农业机械设备，可以联手金融机构开展融资租赁，从而创造更大的发展空间。

商机评估：这个领域的商机，需要有多方面资源的支持，而且供销社可能会设置一定的门槛，因此创业者在这个领域进行创业的时候，可以选择相对比较发达、思想比较先进、对新事物接受程度比较高、深受互联网影响的农村地区。在资本的支撑下，创业者还应该积极与县级和市级的相关部门进行对接，在其协同作用下开展创业活动。

七、农村电商培训创业

在中央发布的20亿元扶持农村电商发展中，其中有一个方向就是开展农村电子商务培训，因此农村电子商务培训也是一个巨大的市场，需要有具备一定互联网思维的人深入到县城和农村进行交流和培训，向农民传授更多的电子商务知识。

商机评估：既可以迎合国家政策的需求，也可以通过培训业务的开展带动创业，创业又可以为农村解决一部分就业问题。而且全国已经拥有了20多个农特微商创业孵化园，推动基地以及渠道的农特微商发展，这些申请农特微商的会员们会逐渐孵化成为导师，在自己操作农特微商的同时，影响和带动更多人。

八、农村旅游平台创业

农业互联网化的趋势，不仅带动了农村市场的商品买卖以及服务，同时也促进了产业旅游业的发展。对于一些生产地标性特产的地方，可以通过搭建农村旅游体验平台，在为消费者提供乡村游以及特色产品体验的同时，带动农特产的销售。2015年6月，农特微商领域的知名品牌“简小妞燕窝”开展了一场走进马来西亚的燕窝寻燕之旅，获得了比较好的品牌传播和营销效果。

商机评估：这种创业形式不需要太多商业化的推进，只要能够将全国的农业基地以及农特基地整合起来，然后将农特产旅行体验的粉丝作为主要的消费群体，就可以在带动农村旅游发展的同时，推动农特产的营销和推广。

第二节　鲜活农产品电商创业的五大运营思路

衣食住行是人们生活中不可或缺的四大要素。而随着互联网的飞速发展，以及在人们生活中的渗透，衣食住行开始摆脱传统形象的桎梏，以一种全新的面貌呈现在了人们眼前。

在这四大要素中，衣为先者，淘宝就是依靠服装鞋帽逐渐成长壮大起来的；在食品方面，各种团购网站的兴起正在一步步瓜分传统的线下市场；在住、行方面，携程、途牛以及58同城等网站在极力追求对线下市场的覆盖。

在以上四大要素中，食品方面未经加工的原材料可以算得上互联网还未涉足的处女地带，同样也具有较大的市场空间。阿里、顺丰以及中粮等大企业开始涉足这一领域，但是却都停留在初期的探索阶段，还未进行更深入的发展和开发。因此，随着新一代消费主体的崛起以及人们生活水平的不断提高，鲜活农产品网购将逐渐成为一种热潮，这也将是推动农产品行业发展进入一个新阶段的重要节点。

现在，中粮、首农已经在地铁站投放了相关的广告，鲜活农产品网购领域开始出现竞争场面，这一点在一线城市表现得更为明显。褚橙在网络上的火爆营销，给很多还在徘徊的投资者带来了信心。高端的农产品以及有机农产品，在市场上受到了越来越多的欢迎，因此其市场前景也被广泛看好。

鲜活农产品电商市场作为一个刚兴起的领域，得到了众多企业和商家的青睐。鲜活农产品电商应该怎样进行运作呢？

一、选择布局在二三线城市

之所以选择在二三线城市布局鲜活农产品电商，最主要的原因就是规避一线城市的激烈竞争，一线城市往往众星云集，实力也比较雄厚。如果在一线城市与其竞争，不仅不会占据任何优势，反而会陷入进退两难的境地。

因此创业者可以选择竞争形势相对比较缓和的二三线城市作为突破口。有人或许会对二三线城市的市场前景质疑，但是从淘宝发布的官方数据显示，三线城市的购买力要大于一线城市，造成这种结果的原因是多种多样的。比如京东在一二线城市斥资的举动，最后并没有收到预期的效果。而且一线城市的生活节奏比较快，相较于自己做饭来说，在餐馆消费的人更多一些，因此创业公司最初将鲜活农产品定位在一线城市并不是一个明智的选择。

高端农产品以及有机生态农产品与普通农产品相比拥有更高的附加值，而且在市场上也得到了消费者的普遍认可，这才是正确的产品定位。有人曾经提出过这样的疑问：高端和有机生态农产品固然附加值高，但是产品单价也高，而二三线城市收入较低，消费者会愿意为这些高附加值的产品买单吗？事实上关于这个问题，可以这样来思考：

（1）食品安全问题一直是国家最关注的问题之一，而且一些特殊的人群，如儿童、老人以及母婴等需要通过一些有机食品来满足自己的生理需求；

（2）淘宝数据显示，三线城市的购买力与一二线城市相差并不大；

（3）鲜活农产品只有在靠近产地的时候才能保证其鲜活性，因此在二三线城市更适合做鲜活农产品电商。

对创业者来说，选择在二三线城市创业，不管是在人力、仓储还是物流方面付出的成本要远远低于一线城市，从而可以让创业者有更多的资金促进企业的发展，并且也不需要面临激烈的市场竞争，可以集中精力专注于鲜活农产品的经营。

二、物流难题（冷链）及关联销售

要做好鲜活农产品，最关键一个问题就是要解决好农产品的储存以及物流配送，这就需要搭建完善的冷链系统，顺丰凭借自己在物流方面的优势推出了顺丰优选，而中粮我买网也搭建了相应的冷链配送体系。菜鸟物流业在冷链方面投入了大量的资金，用于鲜活农产品的储存和物流运送。而对于初创企业来说，由于在资金方面一般没有优势，因此在二三线城市搭建冷链物流相比在一线城市投入较少。

而且二三线城市往往只需要3～5台冷藏车就可以满足配送需求了。笔者根据产品的附加值的高低以及电商储存的难易度，制作了一个四象限图，如图7–1所示。

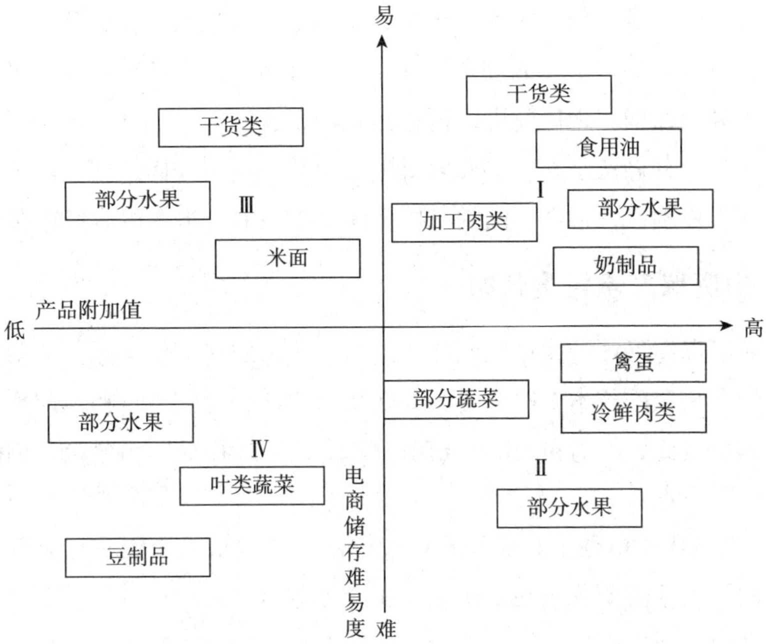

图7–1　产品附加值与电商储存难易度

通过此四象限图，结合实际的农产品，可以将鲜活农产品进行分类，并结合农产品储存的难易度，制定出比较合理的搭配销售，将保质时间相同的产品进行关联销售，从而推动整体的销售。

例如，豆腐和鲜肉都属于保质期比较短的产品，而且储存也比较难，因此可以将这两种产品作为关联产品进行销售，在销售鲜肉的同时，将豆腐以低价的形式卖给消费者。之所以会出现这样的产品搭配，也是出于对消费者实际生活中的考虑，一般在生活中经常需要购买的食材基本都是价格比较低并且也难以保存的，因此这种关联销售能满足消费者对产品的需求，从而增强消费者对平台的黏性和忠诚度。在这方面，阿里做得比较到位，依靠支付宝将用户牢牢地黏在了平台上，然后再与用户讨论收费的问题。

还有一种关联销售的模式就是按照菜品进行销售，如根据某一道菜中所需要的原材料将各种食材组合起来打包进行销售，这样不仅可以为消费者省去了寻找食材的麻烦，同时也可以带动商家的产品销售。

三、按需订制及小米模式

在国内，过节发放福利已经成为一种常态，因此在逢年过节之前，初创企业可以准备一些产品，如土鸡蛋、黑猪、土鸡等，并根据企业的预订需求来进行供给，同时也可以融入更多的创意，如在企业开展农家乐活动的时候可以认养土鸡、猪、羊等，在饲养之后就可以再将其卖给企业。

还有另外一种做法就是，如商家最近要出栏一批牛羊肉，那么就可以放在网络平台上让客户预订，根据不同的品质标注出不同的价格，供客户选择。

四、家庭联产承包责任制

创业者可以将具体的生产工作承包给农户，由农户提供实际的劳动力，而创业者只要给予相应的技术上的指导，并在最后收购的时候进行检验即可。可以先选择大型的供货商，然后再培养种植散户。之所以采用这种承包责任制的方式，原因在于以下三点：

（1）农户在养殖种植方面经验比较丰富，做起来也比较得心应手，而如果要自己做的话不仅需要花时间来研究，还会分散自己在产品运送以及销售等其他环节上的精力。

（2）这种方式可以促进当地的农民就业，为农民增收，符合国家政策需要，而且因为符合国家政策的支持，企业在发展过程中也会得到更多的扶持。

（3）家庭联产承包责任制的方式有利于推行模块化的产地管理，在产品的协调以及区域互补上也会提供更多的便利。

五、宣传营销

有效的宣传营销对于其能否发展成为优质的农产品电商具有重要的意义。创业者不仅要有宣传自己产品特色的勇气，同时也要有为客户提供贴心服务的理念。之所以要对自己的产品进行宣传，最终的目的就是为了能让更多的用户了解你，并选择你。自媒体营销模式就带动了一批产品的火爆，创业者可以从中进行一些借鉴。

第三节　农业创业者必须首先解决七个问题

一、选准创业切入点

对创业者而言，在创业的开始阶段最关键的就是要选准创业切入点，这不仅决定着企业的发展方向，也关系到企业最终能否成功。

虽然有些企业属于同一个领域，但它们所处的环境和各自的发展状况都不一样，企业在经营过程中应该明确自身的优势所在，并在此基础上建设完整的产业链，即使切入点不同，企业也能开辟出自己的发展道路。创业过程中也会出现类似的现象。例如，现阶段农业创业领域中最火爆的当属生鲜电商，但其发展还处在探索阶段，最关键的还是切入点的选择，而不是急于扩展规模，否则只能始终处于弱者的地位，并且越来越落后。

电商领域中发展规模位居前列的当属阿里、京东，很多知名企业也在该领域重磅投资，不断完善自己的电商平台，这给资金有限的创业者带来巨大压力。一些小规模垂直电商企业试图通过完善物流体系来获得持续发展，然而京东和顺丰在这方面早就积累了多年的建设基础，其他竞争者就算是投资规模很大，也不可能在短时间内赶超。

现在还无法预测巨头什么时候能够成功收购沱沱工社。垂直企业的运作方式就是将一系列高端产品包装成能够吸引更多消费者注意的形式，这是在农产品电商处在探索阶段的情形下可以实现的，还无法与大众生鲜电商匹敌。企业会在今后的发展中不断降低各个环节的成本消耗，大规模企业还会以不同方式来经营自己的产业链，有些企业会补贴生鲜类产品的运作，巨头迟早要将垂直电商纳入麾下。

二、深耕上游才是创业者的最佳姿势

互联网巨头企业涉足农产品电商领域的时间比较早，其边际成本也不高，简单来说，进军该领域是丰富其经营业务的多样性。巨头企业无论是在产品推广还是物流体系上都积累了发展资源，创业者和其竞争获胜的可能性很小。深耕上游才是他们的最佳姿势。

中国农业产业在上游存在一系列阻碍因素：农产品缺乏统一标准、粗放型生产、不明确农产品的原产地等。然而着手于该行业上游的发展很难，很多创业者不愿尝试。京东虽为互联网巨头，却进军农村地区，为了形成农产品的统一标准，提倡农户使用其认准的作物种子，涉足生产环节，最终完善整个产业链。

中国农业产业的上游建设还要经历漫长的时间才能过渡到成熟阶段，作物品类多，又受到具体地理环境的影响，若要深耕上游，应该找到最具开发潜力的农产品。虽然发展电商平台给人一种很上档次的感觉，但对于创业者来说，最重要的是要生存，而不是和巨头企业竞争，农业企业普遍缺乏品牌意识，要明确产品定位，借力于互联网电商平台的发展，注重冷链物流的应用，建设企业品牌，获得消费者的认同。

三、农业创业的“七把剑”

（一）加强生产环节的控制，提高产品质量

针对农产品品质较低的现状，应该加强生产环节的控制，制定作物种植的标准，并以产品质量作为级别划分依据。光靠投资是解决不了这个问题的。应该把重点放在农户和土地资源的整合上，如果做得不好，就会影响整体经营。投资虽然重要，但人力资源方面的阻力更大。多数科技人员不愿意深入到农村地区，要解决这个问题，就要发展本地区的农民科技人员，也可以避免外来人员流失的情况。

关于土地资源的整合，创业者受到资金的限制，不能像佳沃采取大规模收购土地资源的方式，但可以借鉴其是怎样处理与农户关系的。

企业投资租地，全面经营。

和大户达成合作关系，获得土地管理权，企业负责产品销售，向大户提供生产技术。

企业制定种植标准和质量标准，进行技术指导并给予补贴，负责产品销售，这在产品质量有保障的地区可以实行。

京东在这方面采取的措施与上述方法有共同之处：企业制定标准、承担部分生产资料，基地负责作物生产。企业和基地的关系向松散化方向发展的可能性比较大，承担自身的职能，降低成本消耗。不过现阶段，我国由农户负责的农产品生产质量不高，还是应该加强管理。

（二）租地不是创业公司的唯一选择

创业者的资金没有巨头企业那么多，不能大规模租地，农户也可能产生怀疑，应该先与一部分农户达成合作关系，建设合作基地，对农户的生产活动给予帮助，还要发展企业品牌，然后再进一步深入。如果不能建设合作基地，企业也能制定标准，据此找到合适的产品进行推广，先建立自己的品牌，发挥品牌效应，寻求农户合作建设基地，加强产业上游管理。

不管怎样，创业公司都要联手那些有信誉保障的农户，即使刚开始不能建设

合作基地，也不能放松质量要求。

（三）做好初创环节的品类选择

我国幅员辽阔、地大物博，有各种各样的农产品，说一个品类可以形成一个产业也不为过。现阶段农产品电商还没有被农户普遍接受，冷链物流也有待发展，创业者在寻找切入点时要考虑其风险性。

举个例子，三只松鼠主营干果品类，这种产品不会在运输中产生损耗，库存难度小，标准实行也比较顺利，不过干果已经不属于生鲜产品。另外，三只松鼠根据自身实力，没有一上来就构建平台，而是选择合适的产品，不断扩大业务范围。优菜网之所以没有成功，不能保证产品的质量和供应是其原因之一。

相比于蔬菜产品，水果的储存时间更久一些，标准实行的难度也降低了，所以多数生鲜电商会选择水果而不是蔬菜。海鲜、肉类产品的经营难度更高，因为它们对冷链物流的要求高，标准实行也不容易。创业者应该根据自己的能力，不要轻易尝试那些运营难度高的品类。

（四）本地化和体验经济大有可为

优菜网惨败，其创业者断言，平台类企业不能选择生鲜品类，垂直企业做出这样的选择是自寻死路。不过莆田网和生活网的发展实例证明，本地化经营可以避免很多风险，而且其运作的高端产品能够弥补成本方面的损耗。

本地化还有一个好处，经营者能够全面提高消费者的体验。没有打造消费者满意的体验是优菜网失败的原因，大多数用户已经习惯了去附近的菜市场买菜，不可能一下子转移到网络平台上，应该让消费者体验到线上买菜的便捷之处。青年菜君就是这样做的，其为上班族准备了成品菜的材料，切实满足了消费者的生活需求。

借助于线上平台，针对本地消费者的生鲜电商可尝试提高选购过程的互动性和趣味性。中老年妇女是城市中主要的买菜群体，她们的空闲时间多，很想从日常生活中体验到更多乐趣。

上游产品发展到一定阶段后，如果产品的多样化有限，也可以联手零售商应用B2B模式，这种方式不仅能降低物流方面的消耗，提高运作效率，还能提高自身品牌的影响力，而且不会给其他竞争者带来威胁，还能深耕线下产品营销，增强消费者体验，逐渐形成自己的发展模式。

（五）根据产品特点来打击假冒伪劣

随着品牌知名度的提高，假冒伪劣产品问题也日渐突出。有消息揭露，昆明在售的褚橙九成是冒名产品，该品牌的信誉也因此降低。即使现在可以扫码验证，但还是不能排除假冒伪劣产品的可能，因为二维码可能也是假冒的。如果能够按照品类特征来打假就能事半功倍。褚橙品牌的知名度已经很高了，该产品可以学习小米打假的方法，指定销售商、限定渠道。若能从产品生产环节一直到销售终端都可以通过扫描验证，就能避免假冒伪劣产品的猖獗。

比如褚橙，有自己的官方网站，所有的产品都有二维码标志，通过扫描，消费者可以查询产品信息。举个例子，产品从新平金泰公司发送至本来生活网，在网络平台上销售。当消费者订购该产品时，网站会把交易的时间、价格等都输入其中，消费者可以通过二维码查询所购产品从生产到消费环节的相关信息，对产品质量放心。

并不是所有的渠道商都可以输入二维码信息，需要经过褚橙官网的批准，而且二维码中包含的信息是唯一的。通过查询二维码，消费者可以对照，看与交易信息是否一致，则产品真假一清二楚。另外，该信息在官网可查询，这就避免了鱼目混珠现象的发生。

（六）在消费过程中加入人与人的连接

用户与用户之间、用户与产品之间、产品与产品之间的连接是互联网思维注重的一个侧面，能不能把用户的消费过程也延伸成用户与其他人之间的连接呢？

有些产品的销量不好并不是因为产品质量有问题，而是出在销售方式上，可以尝试把创业者的创业历程或生产者的相关事迹体现在商品的外包装上，这样消费者会对产品的质量更放心，另外，消费者还能了解创业者或者生产者的故事，甚至可以与其互动。

通过查询二维码中的信息，消费者可以知道生产者的联系方式，如果对产品质量不满意，消费者可以直接咨询生产方。除了减少消费者的担忧，还能发挥品牌效应，借此连接方式开发其他业务，如加强对生产地区旅游景点的宣传，不断积累长期用户。

（七）注重品牌建设和标准的制定

在经营生鲜产品的电商企业中，褚橙是一个比较典型的代表，在之后其又尝试了柳桃和潘苹果，但并未成功，毕竟营销方式只是生鲜产品经营的一方面。柳桃也曾面向社会聚集众人的智慧来寻找自己的出路，孟醒（雕爷牛腩创始人）针对该产品提出的方案是，在联想的品牌效应和国外产地的基础上，制定能在全球实施的柳桃标准，将联想的标准拓展至整个领域都能应用，突破褚橙式的发展思路。

不管企业的具体发展规划是怎样的，品牌和标准都是不可或缺的两部分，品牌能够突出企业的独特性，标准则是品牌的基本框架构成，品牌以标准为基础才能获得长足的发展。如果某商品实现了标准的品牌化，就能成为该领域的典型代表。可以说，在某个领域建立起统一标准的企业，可以驾驭所有的电商经营手段，该企业也能成为这个领域中的掌舵者。随着互联网的普及和发展。会有越来越多的生鲜农产品拥有自己的品牌并制定产品标准，要将统一标准的制定作为战略组成部分。

行业变革是一把双刃剑，传统企业会因此面临压力，新兴企业可能看到更多的希望。现阶段我国正处在变革之中，企业想要在竞争中脱颖而出就要有所行动，要运用先进的技术，明确自己的优势所在，根据当前所处的环境，找到顺应社会发展潮流的发展方案，这样才能获得持续性发展。

第四节　玩转农特微商，把握下一个爆发点

随着现代科学技术逐渐融入农产品从种植、生产到销售的整个环节，农产品的产量得以提升。而互联网的发展以及农民网购意识的养成，扩大了农产品的销售渠道，除了可以在网站上展示外，还可以通过微商销售。未来，微商销售农特产品是必然趋势。

农特微商在2015年的发展势头正猛，微商作为互联网兴起的一个新领域，引起了新农人的重视，纷纷做起农特微商。相比于传统的销售方式，微信营销更适合农副产品的销售。互联网的发展，使信息趋向透明化，消费者可以了解到农特产品产业链上的各个环节，从农产品的种植到成长，再到采摘、包装、销售、运输等，完全实现信息的透明化，从而可以让消费者放心购买，加强了消费者与农产品的信任。

一、农特微商的四种模式

（一）认领

2013年，认领模式开始兴起，按照“亲身种植—农耕劳作—远程观察—送货

上门”模式，为认领户主提供技术指导和托管耕种服务。

认领模式也就是主人制模式，认领户主对土地有使用权。通常，在农村采用这种管理模式的一般是有机绿色农产品，如有机大米、土豆、脐橙、香菇、蜂蜜等。认领的户主无须到田地里亲自作业，而是让农民统一管理，只需告诉农民自己想种植什么农作物即可；或者认领户主也可以在周末的时候，带朋友、家人到认领的田地进行农业活动，如种植、浇水、施肥、采摘等，体验乡村生活。认领户主在离开田地之后，还能通过互联网远程监控，实时了解农产品的生长情况。

认领模式除了可以让户主体验田园生活，增加农民收入外，最重要的还在于，认领户主通过远程监控，实时了解农产品的生长状况，确保自己所吃的粮食蔬菜都是绿色无污染产品。随着环境问题日益加重，食品安全成为人们最关心的问题，而认领模式则能为人们提供大量的绿色有机农产品，必将有很大的市场潜力。

（二）预售

要想提高农民收入，最关键的一环就是扩大销售渠道。在农村，经常会出现供大于求的情况，这意味着农产品积压，甚至腐烂变质，农民的付出与回报不成正比。而预售模式则能改善这种状况，在种植农产品之前，根据消费者订单确定种植清单，有效规避风险。农民可通过微信朋友圈、微信公众号以及社区等进行预售。

那么，预售模式又有哪些优势呢？

（1）市场反馈。通过预售，农民可以了解市场需求情况，根据客户的需求相应地种植农副产品，避免供不应求或供大于求的现象。

（2）用户数据。通过微信朋友圈、微信公众号进行预售，可以预先获取客户的基本信息，如姓名、地址、职业、手机号等，累计客户数据，分析客户的喜好，从而有针对性地为客户提供服务。

（3）降低风险。预售方式可以降低农民的损失，通过提前了解市场详情，种植消费者需要的农作物。大部分农产品的保质期都比较短，如果没有及时出售，很容易造成产品积压，甚至腐烂变质。

预售模式虽然可以根据市场反馈，有针对性地种植农作物，从而降低风险，但是预售模式操作流程复杂，相关的信任体制机制还不完善，在实际运营过程中，消费者很难相信农民，提前下单。因此，在采用预售模式之前，还要具备以下要素：

（1）人脉。互联网时代，也是粉丝经济时代，庞大的粉丝团会带来巨大的经济效益，预售模式的顺利运营依赖于粉丝群体的庞大，在好友有限的朋友圈里预售，根本无法达到预期的目标。如果没有粉丝，可以与一些微博大V、名人进行合作，依托他们的粉丝。

（2）信誉。预售的顺利运营还依托于农户的信誉，只有对信誉够高的农户，消费者才会放心下单，才会提前支付。

（3）品质。在信任的基础上，消费者提前下单、支付，而农民也不能辜负消费者的信任，必须保证农副产品的质量以及品质。将那些品质较好的农副产品通过微信预售，确保消费者的利益不受侵犯。

（4）感恩。农民与消费者之间的关系，不是单纯的卖家与买家关系，农民也不能仅靠产品的品质出售营利，还需要为消费者提供富有人情味的服务，感谢他们的无偿传播，如向消费者致以新年问候、生日祝福以及赠送礼物等。

（三）众筹

众筹最先出现在互联网金融领域，将其运用于农业领域，还属于一个新鲜的理念。

类似于预售模式，农业领域的众筹也是农民根据消费者的需求种植农作物。消费者事先向农户支付费用，待到农作物成熟之后，农户再将农产品运输到消费者指定的地点。这种众筹模式被称为订单农业，根据订单量进行农作物种植，以此降低风险。

在咖啡众筹、房产众筹、影视众筹之后，农业众筹也开始进入人们的视野。2013年2月，综合性众筹平台众筹网正式上线，提供投资、运营等服务，将农业作为发展的重要领域，与汇源集团、三康安食、沱沱工社等进行战略合作。

目前，众筹模式已引起国内农产品领域的重视。2014年1月，本来生活网与众筹网联合推出了国内第一家农业众筹平台尝鲜众筹，合作推出延安宜川红富士项目，精心挑选苹果的品类。

第一，苹果消费者的数量非常庞大，具有市场潜力。

第二，山东、辽宁、河北、北京的红富士苹果对于消费者来说，已经非常习惯，不算特产了，而延安宜川的红富士苹果对于消费者来说还很陌生，再加上本来生活网的创意营销，使之具有很大的市场前景。

但是，尝鲜众筹与众筹的风格、创意属性并不相符，并且农产品的产业链较长，而保质期较短，无法保障农产品在运输途中的质量，为用户提供满意的服务。

经过多次的探索后，众筹网明文规定，禁止食品、农产品、酒类等产品在其网站上发布，而农业众筹网站则关注农产品的种植、采摘、运输、销售等各个环节，突出家庭直达农场的经营理念，将城镇消费者与新农人密切联系起来。

农产品的众筹模式有很多，如消费型众筹、股权型众筹等。目前，随着农村新农人群体的壮大，一些新的农产品众筹模式正在兴起，如端午众筹一个粽子品牌，以每人的出资金额分配股权。

（四）会员制

纵观目前的市场环境，会员制遍及各行各业。餐饮、酒店、电影院、百货店等都在利用会员制吸引消费者的二次甚至多次消费，会员制同样也适用于农产品领域。从形式上看，会员制与认领制、众筹制相同，都是消费者提前支付，农户根据订单确定种植农作物的品种。但从本质上看，会员制与认领制、众筹制之间还存在很大区别。那么与其他模式相比，会员制有哪些优势呢？农户在什么样的情况下采用哪一模式才能达到预期的目标呢？

通常来说，会员制以其专属、定制、独享的优势，适合农场或是订购农产品的经营模式，而众筹和认领的适用范围则相对来说较广一些。

农庄在经营过程中采用会员制，每个用户需要5万元的加入费，并且可获得价值5万元的农产品，还可以随时带着家人和朋友来农庄体验生活，这是会员享有的特权；而农产品的会员制，则需要用户预先支付1年的费用，农户每月为客户快递农副产品，这项业务只针对会员，非会员顾客无法享受这一服务。例如，蜂农采用会员制的经营模式，在收到会员的1年的付款后，每个月为客户快递1瓶蜂蜜，一年共12瓶，并且每个月快递不同口味的蜂蜜，包装也采用不同的风格和花样，为会员客户量身打造，贴身服务。

二、农产品的短板和优势

（一）农产品的短板

1. 季节性短

通常而言，水果、腊肠、腊肉等农产品的保质期短、季节性强，受季节和天气的影响较大，很容易腐烂变质。

例如，完成板鸭产业链上的各个环节，包括生产和销售等，总共只有3个月的时间，真正的热销时间只有短短的1个月，致使在板鸭的生产环节必须控制产量，以防出现货物积压、过期变质或者无法满足消费者需求等问题。

2. 受众人群窄

虽然特产是一个营销亮点，但除了水果之外的大多数特产只在当地有市场，由于饮食习惯和风俗的不同，当地居民很难接受其他口味的特产。例如，江西、广东人喜欢的板鸭，在浙江以及北方地区却很难有市场。

3. 利润低

目前，我国的农产品市场利润很低，一般低于20%，致使农民的生产、销售积极性很低。微信的营销模式是代理，而农产品的利润极低，根本无法支撑微信代理模式，只能依靠自己销售，而运费又增加了成本，不利于农产品的销售。

4. 运输成本高

一般来说，农产品尤其是水果的季节性以及保鲜期比较短，很容易受天气的影响，变质发霉，无法保障其在运输途中的质量。而如果要确保水果等农产品的品质，需要对包装、物流投入大量的资金，再加上农产品自身的利润不高，导致很多农户亏本。如果用提高农产品的价格来弥补亏损，客户的数量将会大大减少。

以蜂蜜为例，为了确保蜂蜜在运输的途中不发生侧漏、瓶子破损等状况，需要在包装上投入大量资金，使用气泡、加固等方式，而蜂蜜自身的利润很低，造成高成本、低利润的现状，加剧了蜂农经营的难度。

（二）农产品的优势

1. 资源短缺

特色农产品之所以能冠之“特色”二字，源于这种农副产品只在当地生产，而在其他地方则是稀缺产品，如云南产玛卡、赣州盛产脐橙、广东盛产荔枝、湖北随州产香菇等。因此，这些特色农产品就在非盛产地广受欢迎。

2. 受欢迎程度高

特色农产品具有强烈的地域性特征，因此除了在当地受欢迎之外，也深受全国各地消费者的喜爱，尤其是水果。

3. 适合讲故事

每个农产品的背后都有一个兴起发展的故事，可以是产品自身的故事，也可以是当地的文化或挖掘人的故事，这些故事的流传提高了产品的知名度与影响力。2011年，褚橙依托其种植人的名气出现在大众面前，并深受消费者欢迎；随后，模仿褚橙的案例也都获得了一定的成功，证明了依靠故事来营销产品的方法可行。

4. 有地域文化

特色产品和农产品一样，都具有地域属性，而依托文化属性的营销更能从情感上打动消费者，引起他们的共鸣，从而刺激消费欲望。因此，农民在销售自己的农产品时，可以从文化和情感的角度去吸引消费者。

三、农特微商的三种营销策略

（一）打造品牌故事

大部分的农产品种植方式、口味都大体相同，而如何能让消费者在众多的农产品中选择自家的农产品，是一直困扰着微商的难题。微商在销售农产品时，要从情感上打动消费者，引起他们的共鸣。

2012年，褚橙大卖，其热销很大程度上是因为种植人的故事以及互联网的传播，人们对他种植的褚橙产生了强烈的好奇心，虽然市场上脐橙价格一般为每千克8～14元，而褚橙的价格为每千克30～32元，但褚橙通过品牌人格化和故事营销，从情感上打动了消费者，占据了大部分的市场份额。褚橙的成功无疑证明了品牌故事在产品营销中的重要作用。

（二）提升产品的趣味性

在互联网时代，用户更容易被趣味性的东西吸引，尤其是微信的用户大多是“80后”“90后”。他们购买产品除了实用之外，还会关注是否具有趣味性。目前，很多营销者都抓住消费者的这一心理，将互联网与产品相融合，吸引消费者的注意力。

因此，微商在销售农产品时，经常会从产品的名称、包装、文案、推广等寻找能吸引消费者眼球的亮点，让产品营销深入人心，激发消费者的购买欲望。

那么，微商如何使自己所营销的产品吸引消费者的眼球，从而引起他们的共鸣呢？可以参考以下几点：

品牌名：简洁好记，读起来朗朗上口，并与所营销的产品有关联，让消费者一看就知道卖的是什么产品，不能只追求华而不实的名字，如芒果可以叫好芒，蘑菇叫蘑蘑哒，玉米叫苞谷，柚子叫李金柚等。

包装：包装要美观大方，具有吸引力，让消费者在看了第一眼后就想购买，留下完美的第一印象。由于农产品的利润较低，因此在包装上要尽可能地节省成本，但必须美观、实用，具有趣味性。传统的包装不适合拍照，也不符合现代人审美要求，因此并不适合通过微信营销。因此，微商要在产品的包装上投入时间和精力，推出符合大众消费心理的包装设计。

产品文案：微商主要是通过文字和图片去营销产品，因此，除了产品的包装要吸引人之外，还要配上具有吸引力的文字，产品的热销离不开文案和图片的配合，其中，文案起着介绍产品功能的作用。同样的产品，文案策划得好的那一款，必将比另一款产品的销量好。

产品附件：相同功能的产品在市场竞争中取胜依靠的是产品附件，即在大体功能相近的情况下，通过附加的功能赢得消费者的青睐，从消费者的立场出发，进行创新研发。随着三只松鼠推出了产品体验服务之后，越来越多的产品开始竞相推出类似的服务。例如，柚子不容易开，商家可以为消费者附送一个开柚器，在低成本的前提下，提高了服务质量，让消费者满意。

营销文案：产品的名字、包装、文案等工作已准备就绪后，剩下要做的就是销售了，但不是毫无策略的销售。营销文案的质量关系到产品的销量，有吸引力和趣味性的文案，更容易通过互联网传播，提高品牌的知名度和影响力，同时也更容易引起消费者的关注。

其他：除了通过广告营销之外，还可以经常举办一些小游戏，吸引消费者的参与，可以在微信公众号、朋友圈里举办，也可以在线下举办。

通常而言，品质好的产品，消费者更愿意主动去传播，在无形之中成为产品的代言人。

（三）制造产品的爆点

当产品的前期准备工作都已做足之后，就要面向市场进行销售了。那么，如何让产品一上市就吸引所有人关注呢？各大朋友圈都充斥着关于产品的讨论呢？这时，就需要制造产品的爆点，可以是事件、产品或需求爆点，商家可以根据具体情况自行选择。当引爆了产品的爆点之后，销量的问题便得到解决。

第五节　农特产品微商制胜未来的十大关键问题

2015年是农产品微商全面爆发的年代，围绕食品展开的农业发展借助互联网平台开启了发展新模式，不仅依托互联网大数据、平台等资源，而且还逐步形成品牌化经营，拓展多渠道经营，充分利用微信、社群等平台。此外，新模式下要做到供应链扁平化，组建快物流网络，这是如今微商时代下需要面临的新模式。

农特产品做微商的过程中也面临着不少问题，为此，笔者对国内400多家农业基地的经营进行研究，总结出农特产品微商普遍存在的十大问题，存在于微商角色定位、供应链、物流等多个方面，每一个问题都不可避免，需要打起精神来应对。

一、热门产品选择

微商是农特产品拓宽新渠道的一种有效方式，每一家农特产品都希望通过这种“流行方式”来打开自家产品的销路，但问题在于并不是每一个产品都适合这一渠道。微商运营主要的核心在于热门产品，选对合适的产品是经营顺利的前提。微商营销存在其特殊性，单品的选择要注意产品能否以其特殊的方式讲述品牌故事，还要考虑物流、包装、冷链、晒单等多个细节，同时也要认真对待产品所精准对应的消费群。

大多数农特产品具有季节性的特点，因此要在全国建立一个数据库，筛选列出全年农特产品清单，而且单品需要适合微商运营。

二、标准化体系的建立

标准化问题是农特产品微商发展的关键，要想产品实现标准化，那么具体环节如卖价标准化、物流SKU化、包装标准化、市场定位精确化就必须要一一做到位。

实施标准化的过程不仅在于关注其最后的成品和外观，种植过程的一系列因素都会对产品质量产生直接影响，如光照和水分会影响口感和色泽。再者物流过程的标准化也是极其重要的部分，运送或者包装不当会造成不必要的损耗。不同的产品包装方式不同，有的适合直接进行单品包装，有的则适合在分拨地进行再包装。

所以农特产品微商要建立标准化体系，必须在从生产基地到客户手中这期间的每一个环节都做到标准化。

三、品牌化经营

农特产品做微商，必须进行品牌化经营。因为微商所推销的不仅是产品，还有品牌。品牌背后的故事、品牌所带来的高品质生活的概念以及品牌带来的健康等都是微商的经营重点，尤其是微商平台用户通常对健康生活、品味生活越来越重视。

农产品生产基地在种植方面积累了大量经验，但如何实现品牌化对大多数基地来说还是新的一课。真正的品牌化需要品牌理念、定位客户群、营销策略、产品质量等多方面独成一体综合发展，所以大多数基地目前还做不好这一步。

四、独特营销策略

与化妆品不同，农产品的营销具有其特殊之处。化妆品可以通过美女展示来实现，换句话说化妆品在微商中的营销也可以称作美女营销。

但是这种营销方式也有一个明显的缺点，那就是日复一日相同产品的展示容易造成人们的视觉疲劳。但是农特产品不同，其季节性的特点可以在不同的季节展出应时的产品，而且产品的展出也就是在展示健康的生活，具有极大优势。

所以，农特产品营销与化妆品营销是有明显差异的。

五、产品安全背书问题

食品与安全有些极为密切的联系，而农产品从种植到末端配送需，要经历一个相当长的过程，因此其中的安全就更要受到强有力的监管。那么监管如何实现呢？如何对产品质量背书？有的基地是一家企业，但有的基地是多家企业共同依存，需要对地标性农产品共同背书。农产品做微商必须要解决这一问题。

如何提高产品的安全可信度？最可靠的方法就是依靠政府监管，引入政府背书。这样一来最终的监管不是企业，不是末端营销，更不是物流配送，可信度就会大大提升。

但现在很多政府对企业如何运营和发展了解不够透彻，它们大多把企业的发展交给互联网。而一家企业凭自己的能力可能无法推动品牌背书。在这种情况下就需要把产业链整合下的平台与企业、微商等联系起来共同与政府建立背书体系。

六、供应链模式问题

农产品微商在供应模式上与农村电商本质上有着很大的区别，而且农产品具有特殊性，与其他微商产品供应链模式也不同。例如，从库存方面说，化妆品完全可以实现用库存渠道进行代理，因为其可以囤存，但是农产品不能够囤存。其必须要使用CZB的供应链模式。这个模式的核心之一在于预售模式和供应链计划结合，对供应链的能力和经验是一个极大的考验。如果运行不当，就会造成两种结果：或者是基地产量大于订单，存货压力大，或者是基地产量小于订单，供不应求。

在农产品微商的领域，真正能做好农业、基地、物流之间供应链模式的品牌少之又少，因此可以说这是一个弱项。

七、冷链多温运输体系

农产品本质的特殊性对于运送过程中的温度有着极其苛刻的要求，农产品微商需要多温系统的支持，可以直到C端。但是现在国内能够直到C端的物流网只顺丰一家，其运营能力无法满足包括微商在内的多家互联网商业的要求，因此农产品微商直达C端需要一整套冷链多温完备的快物流标准化体系。

八、产品加工问题

基地所生产的商品适于批量作业，很多产品都需要进行加工，但加工的方式不一样。例如，有的产品就可以在产地直接进行加工，然后做成单品进行输出，但有的产品就适合到了末端再进行加工。

在基地进行整体加工，固然有集中作业的优势，但是单品输出的物流成本必然会提高。而末端加工可能会降低物流成本，但是末端的效率、资源、专业性等方面未必能做得很好。所以说加工问题仍旧是农产品微商的一大问题。

九、地标产品同类品牌竞争

如今地标产品同类品牌种类增多，竞争性也不断加大，如阳澄湖大闸蟹、五常大米、赣南脐橙等。商品种类繁多，也难免存在良莠不齐的现象，品牌保护和产品之间的竞争会使用户对产品的信任度产生极大的影响。

在对品牌进行保护的同时避免恶性竞争，保证用户能够买到优质产品，这是微商经营所面临的一个重要问题。因为品牌一旦有了一定的名气，仿冒者就会纷至沓来，对品牌信誉产生不好影响，同时也会削弱品牌自身的竞争力。

十、渠道优化问题

以食品为中心的微商，也可以做到把很多人打造成一个“自媒体”，但需要注意的是，在做微商的过程中要注意针对不同的人群进行准确定位，推送不同的商品。微商运营最致命的问题就是前期不管不顾地盲目推进，这样一旦从习惯上被用户所排斥，后期将很难进行补救。用户的体验出现缺陷，再加上万一出现食品安全的问题，那么对于后期微商的运作将是致命的打击。

目前，微商运营可以称得上是百花齐放，但是其中不得不注意的是其质量也是参差不齐。如何打造体系完善的微商是所有微商都在探索的问题。对于农产品微商来说，在保证产品性价比高、个性化、安全健康的同时，还要尽量使成本分配最优，不断优化渠道，使客户获得便捷的购买体验。基地产品能够通过渠道优化开辟出微商发展的一条途径，这是在做微商产业链的每一个从业者都必须密切关注的问题。

农产品微商作为一种新模式，开始阶段必然会存在不少问题，但是与问题共存的则是商机。问题可以解决，但商机可遇而不可求。玩转农产品微商不是做好某一个单品就可以的，而需要从基地互联网化、品牌化经营、拓展多渠道、完善物流网络等多方面进行优化综合，形成一个多位一体的平台。在这背后需要有一个专业的运营团队和庞大稳定的资源提供有力支持。